A Lívia, com carinho
A meus pais, com saudade

Agradecimentos especiais:

Ao Prof. Reinaldo Polito
À amiga Marilena L. Montanari

A Ana Cristina Silva, Ana Paula Person,
Debora da Silva e Waldir Perrotti

Eu queria que a língua portuguesa chegasse ao máximo nas minhas mãos. E este desejo todos os que escrevem têm.

Clarice Lispector

Jeanne Braquehais
em 03/10/2008

Edna M. Barian Perrotti

SUPERDICAS PARA ESCREVER BEM

DIFERENTES TIPOS DE TEXTO

1ª edição
4ª tiragem

Editora Saraiva

ISBN 978-85-02-05669-5

Editor: Rogério Carlos Gastaldo de Oliveira
Assistente editorial e
preparação de texto: Kandy Sgarbi Saraiva
Secretária editorial: Andréia Pereira
Revisão: Pedro Cunha Jr. (coord.)/Alexandra Costa/Cid Ferreira/
Juliana Batista/Elza Gasparotto/Érica Lamas
Gerente de arte: Nair de Medeiros Barbosa
Projeto gráfico: Antonio Roberto Bressan
Capa: Alexandre Rampazo
Diagramação: Edsel Moreira Guimarães
Ilustrações: Luigi Rocco
Coordenador da série Superdicas: Reinaldo Polito

Dados Internacionais de Catalogação na Publicação (CIP)
(Câmara Brasileira do Livro, SP, Brasil)

Perrotti, Edna M. Barian
Superdicas para escrever bem diferentes tipos de texto / Edna M. Barian Perrotti. — São Paulo : Saraiva, 2006.

Bibliografia.
ISBN 978-85-02-05669-5

1. Arte de escrever I. Título..

06-3642 CDD-808.0469

Índice para catálogo sistemático:

1. Arte de escrever : Português : Técnica de redação 808.0469

ano: 2009 2008
tiragem: 4

Editora Saraiva

Av. Marquês de São Vicente, 1697 – CEP 01139-904 – Barra Funda – São Paulo-SP
Tel.: PABX (0**11) 3613-3000 – Fax: (0**11) 3611-3308 – Televendas: (0**11) 3613-3344
Fax Vendas: (0**11) 3611-3268
Endereço Internet: www.editorasaraiva.com.br

SUMÁRIO

1. Livre-se desta preocupação. Escreva de uma vez!, **9**
2. Tenha jogo de cintura, **11**
3. Observe como os outros escrevem, **13**
4. Expresse o que você pensa, **15**
5. Cultive o hábito da leitura, **17**
6. Conheça as características do texto, **19**
7. Situe o leitor, **21**
8. (Re)vele suas intenções, **23**
9. Apresente informações atualizadas, **25**
10. Organize o que pesquisou, **27**
11. Relacione seus textos com outros textos, **29**
12. Garanta a coerência, **31**
13. Ligue as partes do texto, **33**
14. Una com elementos apropriados, **35**
15. Veja outros elementos de ligação, **37**
16. Torne seu texto bem-aceito, **39**
17. Pense no destinatário, **41**
18. Deixe as idéias fluir, **43**
19. Disponha de bons argumentos, **45**
20. Planeje seu texto, **47**
21. Escreva seu texto com segurança, **49**
22. Consulte o "pai dos sábios", **51**
23. Explore outros dicionários, **53**
24. Recapitule alguns conceitos, **55**
25. Considere o objetivo ao descrever, **57**
26. Prenda a atenção com seus relatos, **59**
27. Dê sua opinião também por escrito, **61**
28. Seja cortês mesmo num bilhete, **63**
29. Adote a linguagem da empresa, **65**
30. Seja breve em suas cartas, **67**
31. Cuide da linguagem dos *e-mails*, **69**
32. Respeite a língua e as normas, **71**

33. Conheça as normas do texto científico, **73**
34. Não deixe a monografia para depois, **75**
35. Corra atrás do seu TCC/TGI, **77**
36. Concentre-se, no mestrado ou no doutorado, **79**
37. Enfrente logo a introdução, **81**
38. Publique seu artigo, **83**
39. Elabore resumos consistentes, **85**
40. Prepare-se para as resenhas, **87**
41. Siga os toques que lhe derem, **89**
42. Dê especial atenção ao parágrafo, **91**
43. Desenvolva bons parágrafos, **93**
44. Articule um parágrafo com o outro, **95**
45. Construa parágrafos com sentido, **97**
46. Observe a construção da sua frase, **99**
47. Seja claro, **101**
48. Seja objetivo, **103**
49. Mantenha o paralelismo, **105**
50. Enfatize, mas não seja redundante, **107**
51. Pontue adequadamente, **109**
52. Observe algumas regras do padrão culto, **111**
53. Estabeleça a concordância, **113**
54. Pense se *é bom mesmo* enviar *em anexo*, **115**
55. Lembre sempre: crase só com palavras femininas, **117**
56. Memorize outros casos de crase, **119**
57. Faça bom uso dos pronomes, **121**
58. Não confie cegamente no corretor eletrônico, **123**
59. Saia pela tangente, mas se não puder..., **125**
60. Preserve sua imagem, **127**

Referências bibliográficas, **129**

Apresentação

A arte de escrever bem está em suas mãos

Talvez não exista nada mais angustiante do que olhar para a tela limpa do computador e esperar que a inspiração traga as boas idéias para o nosso texto, enquanto o cursor impaciente fica ali à nossa frente, piscando como se dissesse: "Como é, vai começar a escrever ou não? Afinal, tenho muita coisa a fazer". Até pouco tempo o mesmo ocorria com a folha de papel em branco, quando os textos eram só manuscritos, embora muita gente ainda hoje continue preferindo "escrever à mão".

Neste *Superdicas para escrever bem*, a Profª Drª Edna Maria Barian Perrotti pega o leitor pela mão e, com sua excepcional experiência em lidar com a palavra escrita, mostra com admirável simplicidade como o texto deve ser não apenas iniciado, mas também idealizado, elaborado e desenvolvido.

Como autor de 15 livros, tenho a felicidade de conhecer a Edna há muitos anos e posso testemunhar que ela é a melhor especialista que conheci neste campo de atividade. Descobre incorreções sutis, sugere novos rumos, discute a propriedade do conteúdo, sempre com segurança, competência, bom humor e gentileza.

Garanto que você tem em mãos o melhor livro que poderia desejar para ajudá-lo a escrever seus textos, independentemente da sua experiência em lidar com a palavra escrita. Para todas as suas dúvidas terá sempre a resposta rápida, simples e correta. É um livro que poderá ser usado para o estudo completo da arte de escrever ou apenas como consulta, para afastar possíveis dúvidas de redação.

Lembre-se de que você será avaliado pelo que escreve. Por isso, devore cada página desta obra e tenha certeza de que seus textos passarão a falar muito bem de você.

Reinaldo Polito

1

Livre-se desta preocupação. Escreva de uma vez!

É bem possível que você já tenha adiado várias vezes o momento de escrever, repetindo para você mesmo e para as pessoas a seu lado: "Ai, eu preciso escrever meu texto".

Passa um dia, dois... e lá está a frase martelando, aumentando a sensação de mal-estar: o trabalho tem de sair de qualquer jeito, mas a cada vez que você senta para escrever, as idéias não vêm e, quando vêm, escrever as primeiras frases vira um tormento. Escreve, apaga, muda, reformula... começa tudo de novo...

Será que você não deixa para escrever depois porque acredita que deve transmitir suas idéias de forma diferente daquela que utiliza nas conversas diárias? Ou não seria porque tem grande expectativa com o julgamento de seus leitores? Afinal, expor as idéias é também uma forma de se expor.

Uma boa dica para não adiar mais, se você tem conhecimento do assunto, é começar a escrever seu texto para um amigo, alguém que está interessado no conteúdo da mensagem, não em criticar como você escreve:

> *Daniel*
>
> *Os jornais têm dado grande destaque às últimas medidas do governo.*
>
> *Embora não seja possível ainda avaliar seu impacto na nossa produção, precisamos...*

Você verá que, se não pensar em um possível censor, as idéias fluem facilmente, as frases vêm com naturalidade, numa seqüência de sentido que expressa seu ponto de vista a respeito de um produto, de um fato, de um problema ou mesmo de uma pesquisa.

Lembre que a melhor maneira de se livrar das amarras que impedem você de escrever é... escrevendo. Então comece logo a desenvolver para seu amigo o texto que você precisa entregar esta semana. Depois é só fazer alguns ajustes — ou simplesmente colocar um título no lugar do nome do amigo — e enviá-lo para a pessoa certa.

2

Tenha jogo de cintura

Já notou como até as crianças bem pequenas mudam o jeito de falar de acordo com o que pretendem? Como percebem que seu desejo pode ser satisfeito se souberem cativar os mais velhos? E como se comunicam de forma diferente na presença de estranhos?

Essa noção de que é preciso moldar a linguagem para atingir os objetivos nos acompanha a vida inteira. E, à medida que freqüentamos vários ambientes, mais nos convencemos de que nosso sucesso tem muito a ver com nossa linguagem. Por isso ela passa a ser nosso instrumento de sedução.

Também temos essa noção quando escrevemos. Sabemos que a redação do *e-mail* para os amigos não pode ser a mesma do trabalho acadêmico;

que o manual de instrução não segue o padrão do artigo científico... Mas, se é fácil fazer os ajustes na linguagem oral, na escrita a tarefa complica.

Como conseguir o tom do texto, principalmente se ele for dirigido a pessoas de níveis diferentes? Como fazer uma exigência sem parecer descortês ou arrogante? Isso sem falar em todas aquelas dúvidas que surgem na hora de escrever:

> Cabe *Ilustríssima* na carta que acompanha o currículo para a gerente do Departamento de RH?
>
> Vou dizer que, com a minha observação, a diretoria *interviu* ou *interveio* nos procedimentos da fábrica?

Se você não domina algumas regras gramaticais, não deixe de produzir seu texto por causa disso. É só ter jogo de cintura e procurar formas alternativas:

Prezada senhora cabe em qualquer situação e não deixa você em maus lençóis.

E, se não deu para saber que a forma correta é **interveio**, escreva que *a diretoria tomou as medidas necessárias em relação aos procedimentos da fábrica.*

Assim sua linguagem não vai comprometer sua imagem.

3

Observe como os outros escrevem

Se você pensa que escrever é bicho-de-sete-cabeças, não se preocupe. Você não está sozinho. Muita gente freqüentou a escola vários anos e saiu dela tendo apenas uma vaga idéia de como fazer para escrever bem, para atingir a qualidade de texto exigida pelos professores. O máximo de que muitos se lembram são as peripécias para fazer a redação "Minhas férias", tema que parecia não poder faltar em nenhum bom planejamento de ensino de português.

Quem nunca descreveu banhos de riacho na fazenda do vovô quando não saiu um dia sequer da cidade? Quem não narrou aventuras com uma turma de amigos na praia quando passou o mês inteiro em casa, na frente da televisão? E cá entre nós: ainda bem que a exigência era só escrever sobre como tinham sido as férias. Para que pensar em outro tema se já se sabia que o texto ia vir cheio de anotações em vermelho, apontando incorreções, aniquilando o ponto de vista do autor, reafirmando sua incapacidade de se manifestar por escrito? Quem é que gosta de ser criticado toda vez que faz um trabalho, especialmente quando procura fazer o melhor?

Felizmente, muitas pessoas que, de alguma forma, tiveram seus textos valorizados, desenvolveram o prazer de escrever. Alguns fizeram desse prazer sua profissão. Estão aí os escritores, os publicitários, os jornalistas... dando seu testemunho. E eles constituem uma boa fonte para aprender a escrever bem.

Esta é uma boa dica se você deseja melhorar seus textos: observe como esses profissionais escrevem, como desenvolvem as idéias, como constroem as frases, como vão colocando no papel a sua mensagem.

4

Expresse o que você pensa

Esqueça por algum tempo o texto pronto, se vai agradar ou não ao leitor. Reflita sobre o processo de escrever.

Todo nosso corpo age. A mente procura a melhor forma de dizer; as mãos percorrem o papel ou o teclado numa atividade que é ao mesmo tempo linear e seletiva, registrando a escolha feita pelo processo cerebral. Os olhos acompanham a atividade da esquerda para a direita, mas, à medida que o texto prossegue, lêem o que já foi escrito como um só bloco, uma só unidade. Vez por outra o corpo dá lugar apenas à atividade mental, à procura de uma idéia que talvez tenha se perdido ou de uma imagem que precisa ser transmitida com outros detalhes.

Intercalando momentos de escrita, reflexão, seleção de palavras, vamos avançando, ora recuando, apagando, reescrevendo, sempre à procura do melhor jeito de dizer, porque queremos que o leitor acompanhe o fluxo de nossas idéias, conheça nosso ponto de vista, interprete nosso pensamento.

Escrever é uma forma de expressão, uma oportunidade de transmitir o que pensamos sobre determinado assunto a partir de nossas experiências, nossa vivência como sujeitos, seres atuantes no mundo. Escrever não pode ser, para ninguém, algo que se desenvolve com angústia, sofrimento, para atender a uma mera obrigação.

Por isso esqueça por enquanto as exigências escolares – um texto com começo, meio e fim, com todas as correções gramaticais. Comece simplesmente a manifestar por escrito o que você pensa sobre um assunto de seu interesse. Será um bom exercício de reflexão e expressão.

5

Cultive o hábito da leitura

Leitura e escrita são processos relacionados. Ninguém escreve sobre o que não conhece, ainda que domine as técnicas de escrever bem. O inverso também é verdadeiro: por mais que alguém conheça um determinado assunto, terá dificuldade em se expressar se não dominar alguns princípios básicos de redação.

Ao ler, você adquire, atualiza e aprofunda conhecimentos; entra em contato com as idéias de outros autores, desenvolve o espírito crítico, cultiva o respeito por pontos de vista diferentes, apropria-se de outros estilos de escrita.

Quando você lê para obter conhecimento, e não apenas por entretenimento, passa não só a ser bem-informado em vários assuntos como a ter maior especialização na sua área profissional.

Cultive o hábito de ler jornais, revistas em geral, revistas específicas da sua profissão, os bons autores nacionais e estrangeiros, as matérias disponíveis na internet. Mas não leia simplesmente. Para melhor assimilação do conteúdo, você pode recorrer a algumas estratégias.

Após ler, pare alguns instantes e pense:

- Quais são os objetivos do autor?
- Quais suas informações mais importantes?
- Que informação nova está transmitindo?
- Tem algum ponto de vista especial?
- Induz o leitor a tomar algum posicionamento?
- É possível aplicar o que propõe?

A mesma influência que a leitura exerce sobre o *conteúdo* pode ser estendida à *forma* de escrever. Veja como o autor escreve, como apresenta as idéias no início, como desenvolve o assunto, como conclui seu texto, sempre atentando para o modo como constrói as frases. Mas lembre-se: se muitas vezes a apreensão do conteúdo se faz naturalmente, a assimilação da forma exige cuidado maior.

6

Conheça as características do texto[1]

Pare um pouco e procure responder: *o que é texto?*

Você, provavelmente, pensou num conjunto de idéias sobre um determinado tema colocadas por escrito no papel.

Você quase acertou. Porque também as conversas, os diálogos, as apresentações em público são textos. São unidades de comunicação coerentes, desenvolvidas em torno de um assunto, têm uma seqüência, uma organização, uma intencionalidade, apresentam um significado para os interlocutores num determinado contexto ou numa determinada situação.

Quando você entra em contato com um novo texto, vai lendo/ouvindo uma seqüência de

[1] Para mais detalhes, consultar a obra: KOCH, Ingendore G. *A coesão textual*. 10. ed. São Paulo: Contexto, 1998.

frases intimamente relacionadas entre si, que veiculam uma ou mais informações (novas ou já conhecidas), que passam a fazer sentido porque você as interpreta de acordo com suas experiências, dando-lhes um peso maior ou menor conforme o momento que está vivendo.

Ainda que inconscientemente, você relaciona o texto que está lendo a outros textos, faz inferências, relações e interpretações. Se ele está bem elaborado, se vai ao encontro de suas convicções, você aceita o que propõe. Se vai na direção contrária, você o rejeita em parte ou totalmente, dizendo que não concorda com o ponto de vista do autor, com seu estilo, com o modo como interpreta a situação.

Para atingir realmente sua finalidade, prender de fato a atenção, o texto precisa:

- situar o leitor;
- ter uma intenção (explícita ou implícita);
- transmitir informações;
- relacionar-se com outros textos;
- ser coerente;
- apresentar coesão (ligação) entre as partes;
- ter aceitabilidade.

Por isso, nas páginas seguintes, vamos tratar de cada um desses requisitos.

7

Situe o leitor

Ao escrever um texto, você deve ter bastante claro se quem vai ler tem conhecimento sobre o assunto ou não.

Em algumas circunstâncias, uma ou duas frases podem ser facilmente interpretadas, porque o destinatário da mensagem conhece seu autor, sabe do que está falando. É o caso dos bilhetes deixados em casa ou mesmo onde trabalham duas ou três pessoas.

Outras vezes é preciso situar o leitor, para que ele possa acompanhar as explicações. Quando, por exemplo, um jornalista escreve sobre a visita de um presidente a um determinado país, redige um parágrafo inicial para explicar o motivo da visita, o tipo de relações diplomáticas que o país do visitante tem com o país visitado, os benefícios que a visita pode trazer, ou mesmo as reações da população, ainda que o fato já tenha sido explorado por outros meios de comunicação. O mesmo acontece com folhetos de lançamento de novos produtos:

Acaba de chegar às bancas a revista que vai mudar o diálogo da mulher brasileira.

À medida que o texto prossegue, outros esclarecimentos vão sendo apresentados, para deixar o leitor mais informado:

InterLocução *discute todos os tipos de assunto com matérias objetivas, escritas por quem conhece os interesses femininos. E mais: ...*

É sempre bom lembrar que aquilo que você pensa, se não for colocado de forma clara no papel, corre o risco de não ser bem entendido. Por isso, antes de enviar seu texto para o destinatário final, é aconselhável pedir para alguém ler e dizer se as idéias foram expostas com clareza ou não. Se a pessoa tiver qualquer dúvida, não perca tempo: reescreva o que não estava claro. E não se chateie com possíveis críticas. É bem melhor ser criticado por alguém mais próximo – e poder corrigir – do que por estranhos, sem nenhuma chance de retificação.

8

(Re)vele suas intenções

Quem fala ou escreve sempre revela sua intenção, seja pelo que é realmente dito, seja pelo que fica subentendido nas entrelinhas. Na maioria dos textos de propaganda de cerveja, por exemplo, há, em primeiro plano, a alusão a uma mulher bonita. Só que não é a mulher, de fato, que a propaganda quer atingir. O público-alvo não é o feminino. A intenção, quase sempre, é atingir o público masculino, maior consumidor do produto, por meio de um subtexto que compara as qualidades de uma com as da outra.

Também os artigos e as reportagens dos jornais podem trazer, subentendido, um posicionamento a respeito do que está sendo discutido: uma intencionalidade que vai se revelando por uma palavra aqui, uma frase ali, uma reticência ou expressão deixada no ar, indicando quem é seu autor, o que pensa, a que partido político pertence, que idéias comunga, o que gostaria que o leitor entendesse...

Se seu objetivo é levar o leitor a compreender de imediato o que você pensa a respeito de um determinado fato, de um determinado produto, de um certo processo, de uma certa obra, deixe isso claro em seu texto, selecionando palavras e combinando-as para que deixem explícita a sua intenção:

> InterLocução *quer deixar a leitora informada sobre tudo o que ocorre com ela, sua família, sua profissão, sobre os avanços tecnológicos mundiais.*

Se não quiser revelar de imediato, procure uma outra forma de se expressar.

Veja como uma mesma mensagem pode ser transmitida:

a) de forma implícita:

Júlia deve estar com algum problema. Não tem saído com a gente às sextas-feiras.

b) de forma explícita:

Júlia não tem dinheiro, por isso é que não sai mais com a gente às sextas-feiras.

Tenha claro qual é sua intenção e faça a escolha: dissimular ou revelar.

9

Apresente informações atualizadas

Uma das principais funções dos textos – jornais, livros escolares, revistas, circulares, guias turísticos, folhetos, fôlderes, portfólios, boletins – **é informar**. Os meios impressos, o rádio, a televisão, a internet e outros veículos similares processam e divulgam tão rapidamente as informações que um fato que ocorre do outro lado do mundo chega quase no mesmo instante a nosso conhecimento.

Ao transmitir informações a respeito de um assunto que domina, você pode sentar e escrever o texto sem fazer nenhum tipo de consulta. Contudo, quando se trata de algo que não conhece bem, ou de um assunto da sua especialidade sobre o qual não tem dados atualizados, é preciso recorrer à pesquisa.

Para pesquisar, você precisa, primeiro, **delimitar o assunto**. Seria uma tarefa quase insana se, ao escrever sobre "a poluição provocada pelos automóveis", você começasse a procurar informações sobre carros ou apenas sobre poluição. Também não seria muito produtivo fazer uma pesquisa utilizando o próprio tema: "a poluição provocada pelos automóveis". Bem melhor procurar por: "a poluição provocada por carros com mais de 10 anos de uso", e tratar somente deste aspecto.

Além de delimitar, será bom pensar **no que você pretende com seu texto**. Por exemplo: apontar a necessidade de fazer a manutenção dos automóveis nas grandes cidades, principalmente dos mais antigos, para não poluir o meio ambiente.

Com a delimitação e esse objetivo, você terá mais facilidade para coletar informações em revistas especializadas, livros e até na internet. Como, com certeza, obterá muito material, selecione as informações mais importantes e utilize-as em seu texto de forma que o leitor perceba a necessidade de manter o carro sempre em ordem para não aumentar ainda mais a poluição.

10

Organize o que pesquisou

Para ter sempre disponíveis boas informações quando for escrever, desenvolva o hábito de arquivar recortes de jornais e revistas, trechos de livros que julga pertinentes ou frases que considera de efeito.

Há várias formas de organizar informações: por assunto, por autor, por área de interesse, registrando as idéias principais num caderno, em fichas ou em pastas no computador. O importante é que possa tê-las à mão quando necessário.

Para facilitar a localização do texto original, anote onde ele pode ser encontrado e, no caso de material emprestado, a quem pertence, pois assim, se precisar consultar novamente, não perderá tempo procurando.

Se uma frase ou um trecho chamou sua atenção, copie com fidelidade, entre aspas, sem alterar nada. Indique o nome do autor e da obra, a editora, a data de publicação e a página onde a frase está. Você poderá querer utilizar o pensamento do autor como citação em algum texto futuramente, e já o terá com você. No caso da internet, por precaução, é bom imprimir a página em que a informação aparece, com a hora e a data da pesquisa.

Outro hábito muito útil é manter sempre com você, na bolsa ou no bolso (e mesmo sobre a mesa de cabeceira), uma pequena caderneta ou um gravador compacto, principalmente quando estiver escrevendo um texto importante. Quando menos você espera, pode surgir uma idéia ou até mesmo uma frase quase pronta. Se não registrá-la de imediato, você corre o risco de não se lembrar dela quando precisar.

No início pode parecer complicado registrar informações ou anotar idéias desse jeito, mas, à medida que se acostuma, você vai ganhando cada vez mais conhecimento e mais fluência para desenvolver o conteúdo.

11

Relacione seus textos com outros textos

Alguns programas humorísticos provocam o riso sempre que apresentam quadros que lembram fatos políticos ou cenas de novelas. Também alguns textos escritos fazem lembrar outros já publicados, como ocorre com os versos iniciais do poema "Com licença poética", de Adélia Prado, que remetem os apreciadores de poesia ao "Poema de sete faces", de Carlos Drummond de Andrade:

> Quando nasci um anjo esbelto,
> desses que tocam trombeta,
> anunciou:
> vai carregar bandeira.
>
> Adélia Prado[1]
>
> Quando nasci, um anjo torto,
> desses que vivem na sombra
> disse: Vai, Carlos, ser *gauche* na vida!
>
> Carlos Drummond de Andrade[2]

Esse recurso tem um nome específico: intertextualidade. Como a própria palavra sugere, é

[1] In: *Poesia contemporânea*. São Paulo: Instituto Cultural Itaú, 1997.

[2] In: *Reunião*: 10 livros de poesia. 10. ed. Rio de Janeiro: José Olympio, 1980.

quase um diálogo *entre textos*, evocando passagens já lidas, ouvidas ou vistas; fazendo a citação literal de palavras, versos, frases ou parágrafos, ou simplesmente mencionando trechos ligeiramente modificados, mas que remetem a outras leituras.

Contudo, não são apenas os programas humorísticos ou os autores consagrados que fazem uso da intertextualidade. Nós também trazemos para nossos textos a contribuição de outros autores, quer mencionando exatamente o que escreveram – para dar maior peso às nossas palavras –, quer transmitindo suas idéias como se já fossem nossas, porque as incorporamos de tal forma que já não nos lembramos de sua autoria.

Se você estiver se preparando para entregar um trabalho na faculdade ou uma monografia no curso de pós-graduação, lançará mão da intertextualidade de forma explícita. Nesse caso, fará citações literalmente, como as que fizemos de Adélia Prado e Carlos Drummond de Andrade, apontando o nome do texto e de onde foi retirado, no próprio parágrafo em que faz a citação ou em nota de rodapé. Mesmo se tiver modificado ligeiramente as palavras do autor, deverá fazer as referências adequadamente, seguindo as normas da ABNT (ver referências bibliográficas).

Quanto mais ler diferentes tipos de textos, quanto mais se preocupar em anotar o que dizem outros autores, maior possibilidade você terá de enriquecer seus próprios textos.

12

Garanta a coerência

Qual será sua reação ao ouvir uma pessoa dizer que passou as últimas férias nas praias ensolaradas de Minas Gerais? Provavelmente você vai achar que ela está brincando, ou então contando vantagem, que não passou férias em lugar algum e que pouco sabe de geografia...

Para ser bem-aceito, o texto precisa, antes de mais nada, ser coerente com o conhecimento de mundo do escritor e do leitor: as informações devem fazer sentido para ambos.

Mas não basta partilhar os mesmos conhecimentos. O texto também precisa ser coerente pela sucessão das frases e dos parágrafos. Se, no início do texto, foi feita a afirmativa de que o Brasil ainda possui elevada taxa de analfabetos, será incoerente dizer, a seu término, que felizmente o analfabetismo foi erradicado no século passado.

Se não tiver absoluta certeza, cheque as informações. No caso de o tema ser analfabetismo, faça um levantamento da situação do país nesse aspecto:

- quantos são os habitantes no geral;
- quantos são totalmente analfabetos;
- quantos só sabem escrever o próprio nome;
- que recursos os últimos governos aplicaram em educação visando diminuir o analfabetismo;
- qual é a projeção para que ele seja inteiramente erradicado;
- o que se espera dos próximos programas de governo;
- outras informações relevantes.

Quanto à forma, verifique se não há frases contraditórias entre si, lendo e relendo o texto à procura de expressões que possam comprometer a veracidade das informações.

Finalmente, lembre que, algumas vezes, um texto pode ser totalmente coerente para quem escreve, mas não ter coerência para quem lê. Por isso – nunca é demais repetir – peça a uma outra pessoa que o leia antes de enviá-lo a seu destino final.

13

Ligue as partes do texto

Palavras formam frases, que formam parágrafos, que originam textos. A ligação (ou coesão) entre essas unidades vai se fazendo com a retomada de termos já expressos, pela substituição de uma palavra por seu sinônimo, pelo emprego de pronomes, preposições e conjunções.

Normalmente o texto se organiza em torno de um *referente*. Se você está escrevendo sobre uma feira agropecuária, ela é que será o *elemento de referência* do texto. Como, provavelmente, precisará se *referir* a ela várias vezes, para manter a unidade temática, você pode recorrer a pronomes (**ela**, **aquela** que, **sua** periodicidade, **seus** freqüentadores), termos equivalentes (a exposição), siglas (a Agropeas), expressões de igual valor (o evento que se tornou periódico na cidade), e assim por diante. Por uma questão de ênfase, poderá algumas vezes recorrer a repetições.

Esses recursos, chamados elementos coesivos, estabelecem a ligação entre uma idéia e outra. Podem até ser comparados com as laçadas feitas por quem faz tricô ou crochê para formar a malha de uma determinada peça do vestuário ou da casa, ou mesmo aos pontos que vão unindo os diferentes quadradinhos de tecido de uma colcha de retalhos. Nada adianta ter uma porção deles empilhados em cima da mesa: a colcha só surgirá quando estiverem harmoniosamente ligados pelas cores e costurados uns aos outros com pontos apropriados.

As boas idéias a respeito de um determinado assunto também precisam estar harmoniosamente ligadas, formar um todo coeso e coerente. Por isso, é fundamental dar atenção aos mecanismos responsáveis pela coesão.

Em seu texto, procure sempre:

- utilizar pronomes para evitar repetições desnecessárias;
- recorrer a sinônimos ou expressões equivalentes;
- usar os elementos coesivos adequados.

14

Una com elementos apropriados

Para escrever cada vez melhor, garantindo que suas idéias cheguem ao leitor exatamente da forma como pretende, além da palavra mais precisa e da frase mais adequada, você deverá fazer uso de mecanismos de ligação apropriados.

Como já foi dito, os elementos coesivos funcionam como laços, são elos entre uma palavra e outra, entre uma frase e as que estão a ela relacionadas.

Os elementos coesivos são responsáveis pelo encadeamento das idéias, pela progressão textual e, conseqüentemente, pela maior ou menor aceitabilidade de seus textos.

Observe, por exemplo, o trecho a seguir:

A água é o maior recurso natural que possuímos. A água está sendo desperdiçada. Para não faltar água, as pessoas precisam racionar e usar a água de forma inteligente.

Se as pessoas economizarem água, ela não vai faltar para nossos filhos e para os nossos netos, preservando o futuro de nossos filhos, de nossos netos e do próprio planeta.

Provavelmente ele não será bem-aceito pelo leitor, principalmente por causa das repetições.

Um jeito eficaz de estabelecer a coesão é recorrer ao uso de sinônimos ou de pronomes, além de unir duas ou três frases numa só:

A água, nosso maior recurso natural, não é utilizada de forma racional e inteligente. Precisamos aprender a economizá-la, para que não falte a nossos filhos e netos. Dela depende até mesmo a sobrevivência do planeta.

A elaboração de textos coesos exige treino, consulta a dicionários, releitura e disposição para reescrever frases e parágrafos. Ler em voz alta também ajuda a perceber repetições e eliminar construções desagradáveis.

15

Veja outros elementos de ligação

Observe estas frases:

1. Vou a Manaus **se** receber o prêmio.
2. Vou a Manaus **para** receber o prêmio.

O que faz com que uma seja diferente da outra são os elementos de ligação (**se** e **para**), que, além de juntar as informações (ir a Manaus + receber o prêmio), estabelecem relação de sentido entre elas. Na frase 1, **condição**. Na 2, **finalidade**.

Quando você quer, por exemplo, relacionar causa e efeito em suas conversas, normalmente utiliza **porque**. Já na escrita, procura fazer uso também de **visto que**, **já que**, etc. E faz a mesma coisa para estabelecer relação de tempo. Usa **quando**, **assim que**, **logo que**, **mal**, entre outros. Só que não escolhe um ou outro aleatoriamente: recorre ao mais preciso.

Você utiliza o conector **mal** em determinadas situações, mas, em outras, sabe que é necessário usar **quando**, ou **assim que** (ou **logo que**). Você considera apropriado dizer ou escrever: "**Mal** chegou, o diretor solicitou o relatório", mas dificilmente dirá: "Viajarei, **mal** termine os relatórios". Nesse caso, vai preferir **assim que**: "Viajarei **assim que** (ou **logo que**) terminar os relatórios".

São muitos os elementos de ligação que você pode usar na escrita. Sua escolha vai depender não só da idéia que quer expressar como também do fato de ser uma linguagem mais formal ou menos formal.

Observe alguns dos conectores mais utilizados para:

- **continuidade:** e, ainda, assim, desse modo, além disso, ademais...
- **oposição:** mas, porém, contudo, todavia, no entanto, entretanto...
- **concessão:** embora, mesmo que, ainda que, apesar de...
- **condição:** se, caso...
- **causa/motivo/explicação:** porque, visto que, dado que, pois, porquanto...
- **conseqüência:** assim, conseqüentemente, por isso...
- **conclusão:** portanto, finalmente, enfim, em síntese, para finalizar...
- **retificação ou esclarecimento:** aliás, assim, a saber, isto é, ou seja...

16

Torne seu texto bem-aceito

Para que seu texto seja bem-aceito, ele precisa ser de fácil entendimento, dispensando explicações paralelas ou a ida contínua do leitor ao dicionário. Por isso, se você prevê que quem vai ler talvez não conheça, por exemplo, algumas expressões da área econômica que você precisa incluir em seu texto, procure explicá-las ou, então, substituí-las por outras de uso mais comum.

Adote procedimento semelhante se estiver escrevendo um texto técnico para ser lido pelo público em geral: evite jargões da sua área, expressões que usa com seus colegas de profissão ou linguagem que adota para congressos e revistas especializadas.

Atente para o tamanho das frases. Frases muito compridas, parágrafos de 10, 15 linhas, textos longos, sem itens ou subitens, provocam cansaço e podem não ser lidos até o fim. Se estiver digitando, lance mão dos marcadores para que o leitor fixe melhor as informações:

Lembre que o texto só será bem-aceito se tiver:

- *vocabulário preciso;*
- *bom uso dos sinais de pontuação;*
- *concordância entre os elementos da frase;*
- *conectores e articuladores textuais adequados;*
- *grafia correta.*

Considere, ainda, que seu estilo pode influir muito na aceitação do texto. Não tente impor suas idéias com uma linguagem arrogante. Você será mais cortês se, no lugar de escrever:

Em hipótese alguma será aceita a presença de convidados que estejam sem o crachá,

construir sua frase desta forma:

Para garantir sua entrada sem nenhum aborrecimento, os convidados devem estar com o crachá.

Um bom jeito de verificar se seu texto será bem-aceito é deixá-lo guardado uns dois dias e depois ler em voz alta. Com certo distanciamento, principalmente se o assunto for polêmico, você mesmo avaliará se a linguagem está adequada ou não.

17

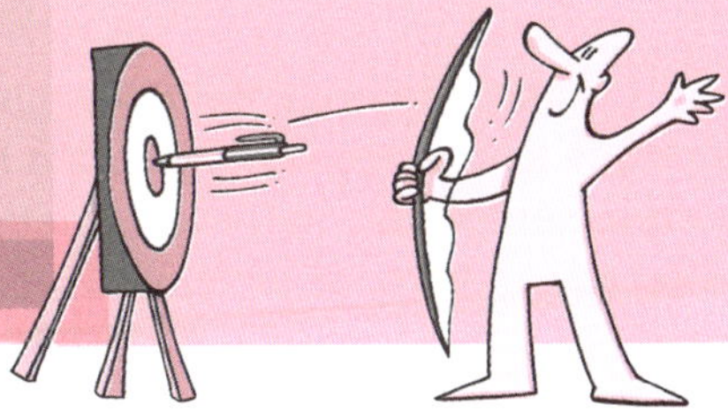

Pense no destinatário

É o destinatário, sem dúvida, quem vai nortear sua linguagem. Quando você não tem idéia de quem vai ler a mensagem, se é alguém acostumado com o padrão mais culto ou alguém com pouca familiaridade com a escrita, é melhor utilizar uma linguagem compreensível por todos, dando preferência a termos de uso comum.

As informações devem ser transmitidas por frases curtas, precisas, de fácil entendimento, que não dêem margem a duplas interpretações. Se você escreve, por exemplo: "A revisora disse à secretária que ela não daria conta de todo o trabalho", fica difícil saber quem não pode dar conta do trabalho, se a revisora ou a secretária.

Além de curtas, as frases para destinatários que têm pouco contato com o texto escrito devem ser escritas na ordem direta, sem inversões, sem rodeios, de preferência com verbos no presente.

Observe como é difícil entender este aviso, principalmente por ter uma redação ambígua:

> A partir da próxima semana, como já havíamos comunicado anteriormente, todos os horistas que aqui trabalham e os que trabalham na nossa unidade de Maringá terão novos uniformes para desempenhar obrigatoriamente suas respectivas funções na fábrica.

Veja agora como pode ser mais claro e objetivo se for reescrito em duas novas frases, na ordem direta, sem as palavras supérfluas (aquelas que não dizem nada), enfatizando o uso do uniforme:

> Todos os trabalhadores horistas desta unidade e os de Maringá terão novos uniformes.
> Eles devem ser usados, obrigatoriamente, a partir da próxima semana.

Lembre sempre que escrever bem não é sinônimo de "escrever difícil".

18

Deixe as idéias fluir

Muitas pessoas adiam o momento de escrever porque acham difícil iniciar o texto. Outras alegam que não têm inspiração.

Um bom jeito de deixar fluir as idéias é ouvir uma música suave, criar um ambiente propício – ler antes sobre o tema, separar recortes de jornal ou revistas, alguns livros. Mesmo no ambiente de trabalho, é possível criar um mecanismo de concentração. Se ainda assim as idéias não vierem, faça uma lista de palavras relacionadas ao tema. Por exemplo, se tiver de falar sobre a necessidade de um bom trabalho em equipe, para levar os participantes do treinamento a vender mais, você pode se lembrar de: *desânimo*, *cooperação*, *intercâmbio de idéias*, *vários pontos de vista*, *objetivos*, *metas*, *incentivos*, *troca de informações*, *produto*, *resistências pessoais*, *sucesso*, *disponibilidade*, *disciplina*... Selecione as mais apropriadas, as que falam de incentivo. Mais cedo do que espera, estará formando frases, parágrafos, delineando seu texto.

Um bom recurso também é redigir diretamente no computador, com um dicionário eletrônico ativado: facilita a busca de sinônimos e estimula a reformulação das frases. Além disso, você terá melhor visão do que está escrevendo, mais facilidade para apagar, inverter, acrescentar. E o que é melhor: terá sempre um texto limpo, agradável de ler.

Mas, se, por qualquer motivo, você prefere escrever à mão, faça-o num caderno, com margens grandes à direita e à esquerda, para possíveis observações. Se achar que no papel sem pauta as palavras têm mais espaço para se manifestar, maior liberdade para se unir umas às outras, opte pelas folhas de sulfite, tomando o cuidado de colocá-las numa pasta ou num fichário – assim elas não se perdem.

Para aumentar ainda mais a fluência das idéias, além do dicionário eletrônico, recorra aos bons dicionários impressos.

19

Disponha de bons argumentos

Quando o objetivo é convencer o leitor, é preciso trabalhar argumentos fortes e consistentes, frutos de raciocínio claro e bem formulado, para que o texto não seja impregnado de "achismos", que não levam a lugar algum.

Recorrer a *fatos* é um bom recurso para argumentar. Se você simplesmente afirmar que "*os jovens costumam dizer que estão estudando, pesquisando na internet, quando, na verdade, estão simplesmente batendo papo com os amigos*", poderá ver sua afirmação contestada, porque alguns pais podem lhe dizer que isso não acontece de forma alguma com os filhos deles, que confiam totalmente na educação que deram, que têm certeza de que, quando os filhos dizem que estão estudando, não estão fazendo outra coisa senão realmente se dedicando aos estudos.

Porém, se sua afirmação for seguida do *fato* de que uma escola conceituada contratou especialistas para fazer a checagem e concluiu que mesmo os melhores alunos dedicavam menos tempo ao vestibular do que os alunos da década anterior, provavelmente começará a mudar o ponto de vista do leitor. Por isso, antes de escrever, levante argumentos sobre o tema, anote os dados, os resultados das suas pesquisas, ainda que seja por tópicos:

- Três pesquisas de institutos altamente confiáveis
- Encomendadas pela Escola do Lácio
- Média na década passada de candidatos de medicina nas universidades federais: 8,5
- Hoje: menos de 7
- Média cai em matérias que exigem concentração

Para ter bons argumentos, leia, pesquise, anote, use seu arquivo de informações. Só assim você poderá apresentar *fatos*, *exemplos*, *dados estatísticos*, *ilustrações* (fotos, quadros, figuras), *testemunhos* (especialmente de quem tem autoridade sobre o assunto) e *depoimentos* que dêem peso às suas declarações.

20

Planeje seu texto

Comece anotando as idéias sobre o assunto. A seguir, delimite o tema. Quanto mais delimitado, mais fácil escrever. Se precisar falar da "Preparação para o vestibular", procure focalizar seu pensamento em um dos aspectos do tema. Por exemplo:"A necessidade de disciplina nos estudos para os jovens que estão prestando vestibular".

Agora pense no objetivo: "O que quero mostrar?","Que tese pretendo defender?".

Problematize. É mais fácil encontrar argumentos para uma declaração polêmica do que discorrer sobre algo com que todos possam concordar. Se disser que "pais disciplinados têm mais dificuldade em conseguir que filhos adolescentes tenham disciplina nos estudos", poderá levantar muitas objeções. Para convencer, apresente bons argumentos.

Delimitado o assunto, traçados o objetivo e o problema, pense em como situar o leitor. Coloque tudo em tópicos:

- **Introdução**
  - objetivo: alertar os pais
  - problema: jovens passam muito tempo diante do computador
  - situação: época de vestibular; concentração; silêncio (sinônimo de estudo?)
  - outros

Selecione, dentre todas as idéias que você anotou inicialmente, as informações que podem atender a seus objetivos e dar conta do problema formulado. Reveja-as: são suficientes? Algumas podem ser eliminadas? Há outras a acrescentar? Coloque-as também em tópicos:

- **Desenvolvimento**
  - interesses dos jovens em geral
  - o que as pesquisas têm mostrado
  - desvios de atenção
  - argumentos: ..., ..., ...

Finalmente, em função de tudo que planejou, pense na **conclusão**.

21

Escreva seu texto com segurança

Tendo planejado seu texto e selecionado bons argumentos, você vai ter mais segurança para escrever.

Comece situando o leitor em relação ao tema, ao problema, aos objetivos, à tese que pretende defender:

> *Jovem é jovem sempre. Mas será que o estudante da era tecnológica é como os estudantes de outros tempos? Que não se enganem os pais que dedicaram grande parte de sua juventude a se preparar para o vestibular...*
>
> *Certos de que o filho está no quarto fazendo seus resumos no computador, muitos pais ainda não se deram conta de quanto tempo está sendo perdido em bate-papos ou em visitas a sites que nada têm a ver com estudos...*

Continue a desenvolver o tema com fatos, exemplos, estatísticas (e outros argumentos convincentes):

Preocupada com o baixo rendimento de seus alunos nos últimos vestibulares, a Escola do Lácio convocou educadores, psicólogos e institutos de pesquisa para verificar por que mesmo os melhores estudantes da escola apresentaram tão baixo rendimento.

Os resultados da pesquisa vão fazer muitos pais perder o sono, já que três institutos altamente confiáveis mostram que, na década passada, os candidatos a medicina das universidades federais estudavam 8 horas por dia. Hoje não estudam a metade desse tempo. Alguns acabaram aprovados nos exames deste ano porque a média de corte caiu drasticamente em relação aos anos anteriores: de 8,5 para 7, que abaixa ainda mais quando se trata de matérias que exigem concentração.

Depois de expor os argumentos, redija o desfecho:

Diante de pesquisas tão sérias, muitos pais vivem um impasse: Continuar achando que seu filho é um bom estudante? Proibir o uso do computador? Ter uma conversa franca, expondo a desconfiança? A atitude dependerá de como o relacionamento entre eles tem sido conduzido até aqui.

Por último, dê um título a seu texto. Por exemplo: *Mudaram os jovens ou mudou o vestibular?*

22

Consulte o "pai dos sábios"

Além de enriquecer o vocabulário e garantir a grafia correta, o dicionário pode trazer agradáveis surpresas. Pena que a consulta seja muitas vezes tão superficial!

Para usufruir todas as informações do dicionário, **leia o verbete do início ao fim**.

Primeiro você vai encontrar a etimologia da palavra, ou seja, a sua origem. Por exemplo, se consultar a palavra *jabuticaba*, vai ficar sabendo que ela vem do tupi *ïapoti'kaba*, "frutas em botão".

Depois o verbete traz a classe gramatical e o gênero da palavra, de forma abreviada (aliás, é sempre aconselhável ler também as páginas iniciais do dicionário, para entendê-lo melhor). No caso do verbete *xadrez*, você fica sabendo que pode ser **s.m.** (substantivo masculino) e, como tal, admite plural: *xadrezes*. E que também pode ser **adj.2g.2n.** (adjetivo que serve para os dois gêneros e os dois números), por isso utilizado sempre no singular: *blusas xadrez*.

Se a consulta for sobre um verbo, o dicionário informa se pode ser usado em todas as pessoas e tempos, bem como a maneira de ser conjugado. Por exemplo, a respeito do verbo *frear*, diz quais são as formas que recebem o **i**: *freio*, *freia* e *freiam* (logo, o correto é *freamos*, não "freiamos").

Lendo o verbete até o fim, você encontra expressões, frases e até mesmo a indicação para consultar uma forma semelhante, como ocorre em: [cf. sessão e cessão].

É muito importante, ainda, sempre que for procurar uma palavra, verificar o(s) verbete(s) seguinte(s). Por exemplo, a palavra *por* tem duas entradas, uma como preposição (*por* favor) e outra como verbo (= colocar). Só a consulta das duas poderá esclarecer uma provável dúvida em relação a qual delas recebe o acento gráfico.

Como você observa, consultar o dicionário é uma sábia decisão para quem deseja escrever bem.

23

Explore outros dicionários

Além do dicionário de sinônimos, há outros essenciais para escrever bem.

1. Os **analógicos**, de idéias afins, agrupam em um só lugar palavras de mesmo significado. Na página sobre *amizade*, por exemplo, você encontra todos os termos que se relacionam a ela: os antônimos (*inimizade*), os advérbios (*amigavelmente*) e mesmo algumas frases que você pode usar em seu texto ("*No aperto e no perigo se conhece o amigo*"), além, é claro, dos sinônimos. Pode ter certeza: nos analógicos, você sempre encontra aquela palavra de que precisa.

2. Os de **regência** (verbal e nominal), em dois exemplares. Se quiser saber se o certo é "preferir uma coisa *a* outra" ou "preferir uma coisa *do que* outra", você consulta o de regência verbal. Ele informará que o verbo *preferir* pede a preposição *a*, e não *do que*. Já se estiver em dúvida se é "alinhado *com*" ou "alinhado *a*", consultando o dicionário de regência nominal saberá que podem ser as duas formas.

3. Os **etimológicos** apresentam a origem das palavras e as transformações que sofreram ao longo do tempo. Se estiver escrevendo sobre "Os operários da construção civil", após consultá-lo poderá iniciar seu texto assim:

> A palavra *operário* vem do latim *operarius*, formada de *opera*, trabalho. A pronúncia do povo fez com que de *opera* se originasse também *obra*. Talvez seja por isso que, em toda obra, há um operário...

E, se depois ,de fazer sua consulta, tiver curiosidade de saber de onde vem o termo "ópera" como gênero musical, o dicionário informará que, "neste sentido, [ópera] é italianismo".

Você pode recorrer ainda aos **dicionários gramaticais**, aos **técnicos**, aos de **antônimos**, **pronúncia correta**, etc.

Veja uma relação de vários dicionários nas referências bibliográficas no final deste livro.

24

Recapitule alguns conceitos

É bem provável que você se lembre das palavras **descrição**, **narração**, **dissertação** e talvez saiba o significado de cada uma, embora não veja muita ligação com os textos do seu dia-a-dia: editoriais, manchetes e matérias de jornais; textos na internet; folhetos de supermercado, de lojas, de apartamentos; correspondências de bancos, de seguros, da faculdade; placas em prédios, muros, meios de transporte; artigos, apostilas, livros, monografias; atas, relatórios, cartas, memorandos, circulares; convites, mensagens de felicitações, *e-mails*; bulas, letras de música, receitas culinárias e tantos outros mais.

Na verdade, cada um deles tem características que o tornam, de um lado, um texto único, diferente de todos os outros, porque há estilo próprio, intencionalidade específica, e, de outro, propriedades que o tornam semelhante a outros textos, sendo justamente por isso classificados como **descrição**, **narração** ou **dissertação**.

Um mesmo tema pode ser desenvolvido sob a forma de qualquer um desses tipos, ou com os recursos de cada um deles. Sobre uma viagem, por exemplo, você pode fazer uma descrição, ressaltando as características de um determinado lugar por onde passou; ou uma narração dos acontecimentos vivenciados durante o período em que viajou, ou, ainda, uma dissertação, se apresentar opiniões, pontos de vista sobre os lugares ou as pessoas que conheceu. Pode, até mesmo, mesclar a narração com elementos descritivos e concluí-la com uma frase dissertativa.

Há autores que preferem utilizar a palavra **argumentação** no lugar de **dissertação** quando o texto tem por finalidade convencer o leitor, embora, no fundo, todos os textos tenham essa intenção. O importante é saber como descrever, como narrar ou como dissertar, para dar conta da finalidade do texto.

25

Considere o objetivo ao descrever

Ao se referir a um objeto, uma pessoa, um lugar, um processo, um produto, etc., você poderá ser totalmente fiel às suas características ou apresentá-las de uma forma subjetiva, de acordo com um ponto de vista pessoal. A opção por ser mais objetivo ou mais subjetivo dependerá da finalidade do texto. Uma bula de remédio, por exemplo, deve apresentar o produto exatamente como ele é, com todas as informações necessárias à segurança de quem vai consumi-lo. O mesmo se pode dizer dos manuais de instrução.

Contudo, se a finalidade for valorizar o referente para impressionar o leitor, você pode enfatizar algumas qualidades e omitir outras; amenizar alguns aspectos e ressaltar alguns detalhes, apresentando o produto segundo seu ponto de vista:

Você não vai deixar de comprar meu carro. Lindo!
Com 5 aninhos, conserva todas as peças originais,
como se tivesse acabado de sair da fábrica.
Quilometragem baixinha, bancos de couro preto
combinando com o azul da lataria, que nunca
sofreu um só arranhão, e vidros escuros.
O preço? Pessoalmente...

O uso do diminutivo ameniza o fato de o carro não ser novo, assim como ter todas as peças originais e nunca ter sofrido um só arranhão convence o leitor das suas qualidades.

Além da finalidade, convém lembrar que só um bom observador faz uma boa descrição. Por isso, sempre que precisar falar de um determinado produto, procure conhecê-lo em todos os aspectos, obter o máximo de informações a respeito, para só depois descrevê-lo.

Agora uma dica: se trabalhar bem a linguagem vale para o vendedor, prestar atenção na maneira como ela foi utilizada é muito útil também para o comprador.

26

Prenda a atenção com seus relatos

Provavelmente hoje, logo de manhã, você tenha tomado conhecimento de vários fatos pelos jornais, pela internet ou mesmo por comentários de familiares.

Se por acaso está voltando de férias ou de uma viagem a negócios, fica sabendo dos acontecimentos pelo seu chefe, seus colegas, seus clientes... Você também relata vários fatos importantes ocorridos durante sua ausência. E, vez ou outra – ou quase sempre –, se diverte com as piadas daquele amigo que é especialista em transformar qualquer coisa sem graça em motivo de riso o dia todo.

Vivemos cercados de textos organizados em torno de alguns elementos básicos – tempo (**quando**); lugar (**onde**); ação/fato (**o quê**); personagens (**quem**) – que nos são transmitidos por um narrador.

Se ele participou da história como personagem, o relato vem na 1ª pessoa:

E de repente lá estava eu diante daquele cartaz enorme...

senão, vem na 3ª pessoa:

Era uma menina de uns 8 anos com um cachorrinho de alguns meses no colo. Ali, no meio-fio, exposta a vários perigos. Ela se abraçava fortemente a ele e chorava muito. As pessoas se aproximavam para saber o que estava acontecendo, mas era impossível fazê-la dizer uma só palavra. De repente, uma mulher jovem, de uns trinta anos, se aproximou, disse-lhe qualquer coisa ao ouvido, acariciou-lhe os cabelos, ela mexeu a cabeça afirmativamente, procurou enxugar as lágrimas. E seguiram os três pela avenida...

Se houver diálogos, a fala dos participantes pode ser transmitida diretamente, como eles disseram:

– Descobri quem alterou a senha – eu disse, calmamente.

– Conte logo quem foi – explodiu o chefe.

ou pelas palavras do narrador:

Eu disse que tinha descoberto quem alterou a senha, e o chefe, explodindo, pediu que contasse logo quem havia sido.

Trabalhe bem todos os elementos, para prender a atenção do ouvinte ou do leitor do começo ao fim da sua narrativa.

27

Dê sua opinião também por escrito

Se em conversa você é uma pessoa que expõe suas opiniões, defende seu ponto de vista com bons argumentos, a partir de leituras, documentários, eventos de que participa, mantendo o interesse das pessoas pela análise que faz dos assuntos que lhe interessam, por que você não se vale dessa facilidade para se manifestar também por escrito?

Muitos veículos de comunicação dispõem de uma seção para o leitor opinar. Na sua exposição, você pode se referir sucintamente a um assunto que está despertando a revolta da população e depois analisá-lo sob vários aspectos. Se se tratar de corrupção, comece mencionando o que está sendo divulgado:

Desde abril, todos os dias, as manchetes dos jornais se voltam para..... Embora mudem os personagens, o fato é sempre o mesmo: corrupção. Desta vez, para surpresa dos que ainda acreditam em histórias da carochinha, também.....

A seguir faça a análise. Com um bom domínio de História do Brasil, você pode apontar alguns casos de corrupção do passado e estabelecer comparação entre eles:

O que acontece hoje faz lembrar aquele famoso episódio que de vez em quando ressurge das cinzas quando se trata de corrupção: .....

Embora quase três décadas e 10 milhões de dólares separem um do outro, a verdade é que a mesma fonte que alimentou Fulano serve de estímulo a Sicrano.....

No caso X.....

No caso Y....

Depois de comparar os fatos, você pode concluir seu texto com as conseqüências:

Parece que nossos "elegidos" têm fraca memória. A população saberá responder aos fatos atuais da mesma forma que fez em 19.... Eles que se cuidem.

28

Seja cortês mesmo num bilhete

Forma rápida de deixar uma mensagem a alguém, o bilhete é escrito numa linguagem mais descontraída, mas, ainda assim, deve respeitar o nível de formalidade que mantemos com o destinatário. É muito comum, em casa, deixar um recado por escrito. É claro que, nesta situação, a informalidade impera: são válidas as abreviações (desde que entendidas por quem vai ler), as formas carinhosas de tratamento, a falta de assinatura, pois, principalmente numa família pequena, a letra é facilmente reconhecida:

Li

Tá aqui a xerox do trabalho.

Vô na Fá. Te vejo lá.

Bjs

Agora, quando você precisa deixar um recado escrito para alguém com quem tem pouca familiaridade, é necessário não só observar alguns detalhes como manter certo grau de formalidade, mesmo que seja num simples bilhete:

Dr. Luís Otávio

Bom dia.

Estou deixando a procuração do Eng.º Pedro Sabre, com as cópias solicitadas. Ele não pode sair de casa por causa de uma forte gripe, mas vai ligar mais tarde para outros esclarecimentos.

Obrigada

Juliana Bari

5/5/05 – 10 horas

É muito importante deixar bem clara a informação, colocar a data e também a hora, pois a pessoa pode ter interesse em saber o momento exato em que foi procurada.

O agradecimento é sempre uma forma de ser cortês. Em situações mais informais, é também uma espécie de desfecho, ocupando o lugar de "atenciosamente" ou "cordialmente".

29

Adote a linguagem da empresa

A carta ainda é, em muitos casos, o meio de comunicação escrito mais utilizado para estabelecer contato pessoal ou comercial.

Qualquer que seja o destinatário, ele merece receber um bom texto, com linguagem adequada, em papel apropriado (se for enviada pelo correio comum), tamanho e formato de letra legíveis, com estética que facilite a leitura e a compreensão.

Se você estiver escrevendo uma carta comercial, lembre que está fazendo isso em nome da empresa, da instituição, do órgão em que trabalha. Portanto, além de observar as orientações para escrever bem, você deve seguir o padrão de linguagem e de estética ali adotado.

É claro que poderá deixar de utilizar alguns jargões, algumas formas muito antigas de se expressar. Não há por que dizer "Vimos por meio desta informar-lhe que...", "a partir de 2 de maio próximo futuro" (*a partir* e *próximo* já indicam futuro), "Sem mais nada para dizer, subscrevemo-nos atenciosamente". Você pode mostrar – ainda que seja aos poucos – que essas formas deram lugar a outras mais objetivas. Também, se sua empresa insiste em colocar um traço para a assinatura do remetente, sugira que ele seja retirado, pois quem assina certamente consegue manter a letra firme mesmo no espaço em branco...

Dependendo do seu cargo e da situação, é melhor utilizar a primeira pessoa do plural (nós) e não a do singular (eu), o que vale ainda para os *e-mails*:

> *Prezados clientes*
> *Para nós, a III ALIS foi muito especial. Pudemos comprovar que continuamos na frente quando se trata de tecnologia. Por isso...*

Ou, dependendo da circunstância, escrever na terceira pessoa:

> *Prezados clientes*
> *O GrupoCort tem o prazer de...*

30

Seja breve em suas cartas

Hoje as pessoas acumulam tantas tarefas que precisam processar as informações com rapidez. Por isso, quanto mais econômica e direta a linguagem da correspondência, mais facilmente atinge seus objetivos. O melhor é que tudo caiba em uma página, para rápida visualização do conteúdo.

Observe na página seguinte que a carta vem em papel timbrado, com a localidade e a data seguidas de ponto final. Logo após o vocativo (*Prezado cliente*), que pode vir ou não acompanhado de vírgula ou dois-pontos, aparece o objetivo e a informação principal. Depois, no segundo parágrafo, o remetente aproveita para valorizar o relacionamento que o Banco tem com os clientes e, no terceiro, faz com que o destinatário continue confiando nos serviços prestados, já que pode contar com atendimento personalizado em horário especial.

O desfecho da carta é feito com a palavra *atenciosamente* (poderia ser também *cordialmente*), sem nenhum sinal de pontuação, e logo a seguir a assinatura, com o nome e o cargo da pessoa que a remeteu.

Como você vê, é uma carta objetiva e direta, mas eficaz, escrita com todos os parágrafos alinhados à esquerda da página e espaço maior entre um e outro, o que favorece o visual.

B&S

São Paulo, 12 de abril de 2006.

Prezado cliente

Visando maior comodidade para os investidores, passaremos a atender também aos sábados, das 9 às 11 horas.

Este é mais um serviço que o Banco Silva disponibiliza a seus clientes preferenciais.

Caso seja de seu interesse um atendimento além deste horário, entre em contato com seu gerente de relacionamento. Ele vai lhe indicar as melhores aplicações para o próximo semestre.

Atenciosamente

GiovanaFerreira

Giovana Ferreira
Diretora de Aplicações

31

Cuide da linguagem dos *e-mails*

O correio eletrônico é, hoje, o meio mais rápido de enviar desde pequenos recados até mensagens acompanhadas de documentos de centenas de páginas.

E-mails entre amigos e familiares têm linguagem bastante informal, aceitam despedidas com abraços e cumprimentos mais efusivos. Já *e-mails* para contato comercial/empresarial seguem as regras dos bilhetes e das cartas destinados a clientes e fornecedores. E sempre devem ser polidos, mesmo quando se tratar de alguma reclamação.

Como muitas empresas ainda conservam o hábito de arquivar documentos impressos – cartas, relatórios ou outros textos mais extensos –, é aconselhável enviá-los como anexos.

No corpo do *e-mail* a mensagem é sucinta, mas com todas as informações necessárias:

> De: Ivani Assum[iassum@novosconceitos.com.br]
> Enviado em: quinta-feira, 4 de maio de 2006 11:45
> Para: Gabriel Caris
> Assunto: Orçamento
>
> Senhor Gabriel Caris
>
> Boa tarde.
> Segue o orçamento do Curso de Leitura e Escrita para 15 pessoas.
> Para outros detalhes, podemos conversar por telefone.
> Grata por sua atenção.
>
> Atenciosamente
> Ivani Assum
> Coordenadora da Novos Conceitos

Não se esqueça de escrever o local e a data na proposta de orçamento, já que provavelmente ela é que será arquivada, não o *e-mail*.

Memorandos e circulares seguem a padronização adotada pela empresa. Devem ter linguagem simples e objetiva, observando as regras gramaticais da linguagem escrita: palavras grafadas por extenso, corretamente, com significado preciso e redação que não dê margem a ambigüidades ou outras interpretações.

32

Respeite a língua e as normas

Qualquer leitor que pegar um texto publicado na década de 1960, ou mesmo de 1970, e compará-lo com um texto escrito agora vai observar que a linguagem atual é bem mais leve, mais direta e objetiva.

A língua portuguesa, como todas as demais línguas, é dinâmica, sofre mudanças. Com o tempo, adquire novos termos e abandona outros, toma emprestadas algumas formas de dizer e rejeita as que não se adaptam às suas características. Por isso, não pode ficar numa camisa-de-força, embora haja algumas regras que precisam ser observadas por quem escreve, para que o texto, por sua vez, possa ser bem-aceito em qualquer situação.

O conjunto de regras que todas as pessoas devem dominar recebe o nome de norma culta. Geralmente toma-se consciência das regras da norma culta quando se vai para a escola, nas aulas de Português, mas muitas pessoas, em função do ambiente em que vivem, incorporam essas regras naturalmente, em contato com familiares, amigos, programas de rádio e televisão, e também pela leitura.

Além das regras da norma culta (regras de colocação das palavras na frase, de concordância, de uso dos pronomes, das preposições, do acento indicativo de crase, entre outras), há certos textos, os científicos, que seguem regras de estilo e de formato bem específicas, para facilitar o intercâmbio de idéias nas comunidades acadêmicas e científicas (nacionais e internacionais). No Brasil, quem dita essas normas é a ABNT – Associação Brasileira de Normas Técnicas.

São normas que você precisa conhecer – e seguir – se tiver de elaborar um trabalho de conclusão de curso (TCC), um trabalho de graduação interdisciplinar (TGI), uma monografia, um relatório de pesquisa ou um artigo para revista especializada.

33

Conheça as normas do texto científico

O texto científico é um relato da pesquisa científica. Pode ser o trabalho de conclusão de curso (TCC), o trabalho de graduação interdisciplinar (TGI), a monografia, a dissertação de mestrado, a tese de doutorado, bem como um artigo ou um projeto.

Quando você escreve um texto científico, além de seguir as regras do padrão culto, você precisa estar atento às normas de estilo e de formato. Há um jeito próprio de escrever o texto científico, assim como há uma forma de apresentação especial.

Algumas áreas exigem que o texto científico tenha linguagem impessoal, de preferência na 3ª pessoa do singular, para deixar clara a imparcialidade do pesquisador. Outras aceitam a 1ª pessoa do plural – *nós* –, e algumas até admitem a 1ª do singular – *eu* –, levando em conta o envolvimento do autor com a pesquisa que realizou. Por isso é muito importante que, no momento de escrever seu texto científico, você siga as diretrizes estabelecidas pela instituição em que vai apresentá-lo ou entre em contato com o comitê editorial da revista em que pretende publicá-lo. Refazer a redação dá muito mais trabalho do que seguir as normas desde o início.

Quanto ao formato, ele variará de acordo com a natureza do texto e o número de páginas. Alguns apresentarão:

1. páginas de pré-texto
   capa, folha de rosto, dedicatória, agradecimentos, resumo, sumário, etc.
2. páginas de texto
   - introdução
   - capítulo 1
   - capítulo 2
   - ....
   - conclusão
3. páginas de pós-texto
   bibliografia, apêndices, anexos, etc.

Outros, como o artigo, terão somente o resumo, o texto e a bibliografia.

Em alguns casos, é exigido o *abstract* (uma versão em inglês do resumo).

34

Não deixe a monografia para depois

Se você está num curso de pós-graduação, já sabe que, ao terminá-lo, precisará entregar a monografia, o trabalho *escrito* sobre *um* determinado tema (*mono* = um + *grafia* = escrita).

A palavra *monografia* tem sido muito empregada para os trabalhos de cursos de especialização, mas também a dissertação de mestrado e a tese de doutorado têm caráter monográfico. O nome *monografia* pode servir ainda para os textos solicitados por fundações de incentivo à ciência, bancos e empresas, para premiar talentos em diferentes áreas.

Para fazer uma monografia de qualidade, é fundamental ter conhecimento aprofundado do assunto, advindo de muitas leituras, pesquisa teórica e pesquisa de campo.

Quanto mais trabalhado for o tema, mais fluente será a linguagem, revelando a maturidade intelectual do autor, o domínio que tem do assunto, as leituras que realizou.

Se sua monografia é uma exigência acadêmica, certamente você receberá algumas orientações para desenvolvê-la, mas é sempre bom lembrar que deve estar relacionada a objeto de estudo de seu interesse, ou mesmo a uma atividade que lhe cause algum tipo de questionamento. Na verdade, temas instigantes exigem mais pesquisa e, conseqüentemente, maior envolvimento do autor. Se houver possibilidade, discuta com seu orientador a temática que deseja desenvolver. Escolha um tema com que tenha afinidade, pois ele vai ocupar lugar de destaque entre suas tarefas.

Comece logo sua pesquisa. Também não deixe para escrever a monografia na última hora. Não vale a pena. Além de estar entre suas preocupações de segunda a segunda, ocupando até mesmo seus momentos de lazer, você provavelmente perderá a chance de construir um trabalho de qualidade, que poderia lhe trazer inúmeras satisfações por muito tempo.

35

Corra atrás do seu TCC/TGI

É muito comum encontrar alunos dos últimos anos da universidade preocupados com seu TCC (Trabalho de Conclusão de Curso), ou com seu TGI (Trabalho de Graduação Interdisciplinar). Alguns delegam a tarefa para aqueles que escrevem melhor no grupo (quando ele é aceito dessa forma), outros ficam aflitos por não ter aproveitado as orientações dos professores para fazer uma boa pesquisa.

Se você está nessa situação, é melhor correr atrás dos lucros. Veja o que você ainda pode ganhar se der conta de fazer uma pesquisa às pressas. Porque prejuízo você já teve bastante, à medida que perdeu boas oportunidades de pesquisar material que pudesse agregar novos conhecimentos àqueles obtidos durante os 4 ou 5 anos da faculdade e de discuti-lo com seu orientador.

Agora, se você está nos semestres iniciais do curso, não perca tempo. Algum assunto já chamou sua atenção em alguma disciplina? Ele poderia se transformar em objeto de estudo?

Assim que tiver um ou mais temas em mente, comece por fazer um levantamento do que já existe a respeito na biblioteca da sua universidade. Se já há trabalhos sobre o que está pensando, não desanime. Você tem duas opções:

1. deixar o tema de lado e pensar em outro;
2. continuar com o mesmo tema e abordá-lo sob outro ponto de vista.

Tomada a decisão sobre qual será o tema, entre em contato com um de seus professores que tenha possibilidade de lhe dar orientações para saber se realmente há condições de fazer um bom trabalho sobre esse assunto. Recebido o aval, comece logo – sozinho ou em grupo – a fazer um levantamento bibliográfico. Nessa hora é muito bom recorrer ao resumo que acompanha cada texto científico. Com essa primeira leitura, você já saberá se vale a pena ler o texto todo, para coletar as informações necessárias a seu TCC ou TGI[1].

[1] Veja a dica 10 e também a 34, se você ainda não as leu.

36

Concentre-se, no mestrado ou no doutorado

Sempre que algum aluno pergunta qual é a receita para escrever a dissertação de mestrado ou a tese de doutorado, recebe como resposta esta dica: horas e horas concentrado, estudando, pesquisando, escrevendo. É uma fórmula que não tem contra-indicações.

Entre as disciplinas dos programas de pós-graduação – e mesmo de muitos de graduação –, consta a de Metodologia Científica. Ela fornece subsídios para que o aluno pesquisador possa definir o objeto de estudo, traçar objetivos, preparar os instrumentos de pesquisa, coletar dados, organizá-los, interpretá-los e relatá-los num texto que varia, normalmente, de 100 a 200 páginas (o tamanho vai depender do tema, da capacidade de concisão e até mesmo da linha de pesquisa).

Embora o texto seja escrito sob a orientação de um professor, a responsabilidade da redação é do aluno. Ele deverá escrever (e reescrever) sua dissertação ou tese dentro das regras da língua portuguesa e das normas exigidas para o trabalho científico, para apresentar um trabalho de qualidade à banca examinadora no prazo previsto.

Por isso, se você já está às voltas com a pesquisa, não demore muito para começar a redigir seu trabalho. Escreva todos os dias, ainda que seja um pouco de cada capítulo, abrindo pastas ou destinando folhas do fichário para cada um deles.

Como o tempo para cursar todas as disciplinas do curso e redigir o texto costuma ser curto, aqui está uma outra dica: escolha logo seu tema, *delimite-o*, conte aos colegas, parentes e amigos qual é – eles podem ter algum material para lhe passar –, planeje suas atividades e siga rigorosamente o cronograma estabelecido, para não se ver em desespero dias antes da entrega do trabalho.

37

Enfrente logo a introdução

Não espere para dar início à redação do seu relato de pesquisa: ponha logo mãos à obra.

Alguns autores recomendam deixar a introdução para o final, mas o melhor mesmo é escrevê-la em dois momentos:

1. logo no início, para ter um roteiro em forma de texto sobre como será o trabalho inteiro;
2. ao final do trabalho, quando tiver terminado até mesmo a conclusão, para aperfeiçoá-la em função do que foi desenvolvido.

Você pode começar pela própria delimitação do tema, escrevendo sobre todos os aspectos que poderiam ser apontados e sobre a dificuldade em dar conta de cada um deles (aponte as causas). Vá escrevendo até chegar exatamente ao ponto em que ele se apresenta delimitado.

Descreva o objeto de estudo (o assunto), as hipóteses, os objetivos e a metodologia. Como você é o pesquisador, tudo pode parecer muito claro, mas talvez alguma coisa não fique compreensível para o leitor. Este é um texto em que nada pode estar implícito, tudo tem de ser revelado. Por isso, apresente seu objeto de estudo com os detalhes necessários a uma boa compreensão.

Você adotou procedimentos importantes para realizar sua pesquisa. A metodologia (o modo como procedeu) também precisa estar bastante clara. Você pode começar relatando desde os primeiros passos e seguir falando de cada uma das etapas, das dificuldades, da necessidade de adotar novos rumos – ou não – para a pesquisa. Mas lembrando sempre que se trata de uma introdução, portanto, sucinta.

A seguir, mostre como o trabalho está organizado: quantos e quais são os capítulos, o que é tratado em cada um.

Você se sentirá muito bem ao terminar a introdução: se ainda for um roteiro, terá novo ânimo para dar continuidade ao trabalho. Se for para apresentar o que está pronto, vai se sentir realizado por ter um produto bem elaborado em mãos, que começou com uma introdução em forma de roteiro...

38

Publique seu artigo

Alguns alunos de pós-graduação costumam ficar temerosos ao saber que terão de escrever artigos para divulgar os resultados de sua pesquisa, mas quando examinam a linguagem utilizada por outros pesquisadores de sua área percebem que a tarefa pode se tornar mais simples se seguirem alguns passos: fazer uma pequena introdução, apresentar o material, analisá-lo sob um determinado ponto de vista e apontar os resultados (ou conclusões).

Como qualquer texto, o artigo deve ser redigido com clareza e objetividade, acompanhado de resumo e das referências bibliográficas. A título de ilustração, veja a seguir o roteiro de um artigo escrito por Elisa Guimarães[1].

[1] Expressão modalizadora no discurso de divulgação científica. *Educação e Linguagem*, n. 4. SBC: Umesp, 2001, p. 67-79.

Expressão modalizadora no discurso de divulgação científica

1. O processo da modalização no âmbito da lingüística
2. Modalização e discurso científico
3. Análise de um excerto de discurso de divulgação científica com vistas à aferição de expressões modalizadoras
   - Origem da vida

     A – Asserção

     B – O quadro classificatório de modalidades apresentado contemporaneamente por Parret (1976)

     C – A modalidade considerada *in stricto sensu*

     D – Os modos verbais e as relações modais

     E – A tematização, a focalização e a ênfase
4. A jeito de conclusão

Resumo

Referências bibliográficas

Com 13 páginas, o artigo atende às exigências da revista em que foi publicado e contribui para que o leitor reflita sobre a objetividade dos textos científicos.

Se você já estiver escrevendo o seu, é bom se informar a respeito do formato, tipo de letra, número de caracteres e de páginas, subdivisão em itens, tabelas, quadros, anexos, etc., que pode utilizar em seu texto antes de enviá-lo para apreciação da revista em que deseja publicá-lo.

39

Elabore resumos consistentes

Certamente você já fez vários resumos para fixar melhor o conteúdo de um pequeno texto ou de um livro de muitas páginas. Esse resumo, para consulta pessoal, não precisou seguir nenhuma norma, pode ter sido elaborado até mesmo em tópicos, com as idéias principais retiradas dos parágrafos, quase como um esquema. Porém, se você tiver terminado de escrever seu texto científico ou for fazer a inscrição em algum congresso, precisará elaborar um resumo mais formal, em texto corrido, de forma a dar uma boa idéia do texto integral, como fez Magda Soares no artigo "Novas práticas de leitura e escrita: letramento na cibercultura", publicado na revista *Educação e Sociedade*[1]:

[1] Campinas, v. 23, n. 81, p. 143, dez. 2002.

Resumo

No contexto de uma diferenciação entre a cultura do papel e a cultura da tela, ou cibercultura, o artigo busca uma melhor compreensão do conceito de letramento, confrontando tecnologias tipográficas e tecnologias digitais de leitura e de escrita, a partir de diferenças relativas ao espaço da escrita e aos mecanismos de produção, reprodução e difusão da escrita; argumenta que cada uma dessas tecnologias tem determinados efeitos sociais, cognitivos e discursivos, resultando em modalidades diferentes de letramento, o que sugere que a palavra seja pluralizada: há *letramentos*, não *letramento*.

Palavras-chave: Letramento. Cultura do papel. Cibercultura. Práticas de leitura. Práticas de escrita.

Na inscrição de congressos, como geralmente apenas se solicita o resumo – o texto integral costuma ser enviado posteriormente –, ele precisa conter a justificativa do tema, as hipóteses que levaram à realização do trabalho, os objetivos, a metodologia, os resultados, as discussões, as conclusões (ou considerações finais), as palavras-chave, que servem para dar uma idéia geral do texto, e, às vezes, a bibliografia. Isso tudo num espaço de mais ou menos meia página[2].

[2] Algumas instituições que aceitam a inscrição pela internet já trazem no campo apropriado o limite de caracteres que podem ser utilizados.

40

Prepare-se para as resenhas

A leitura de uma boa resenha permite ter uma idéia de como é uma obra, se vale a pena conhecê-la ou não. Como aluno, você pode ser solicitado não apenas a ler como também a fazer uma. Trata-se da análise crítica de um livro ou artigo, ou mesmo de uma exposição ou documentário. Como profissional especializado, você pode ser convidado a comentar uma obra recém-lançada. Em ambos os casos, você é quem influenciará o leitor. Por isso, esteja preparado para a tarefa.

Depois de ler a obra com atenção, assimilar seu conteúdo, verificando os pontos positivos e negativos, as contribuições que pode ou não trazer, redija seu texto.

Resenhando, por exemplo, um livro que fala da necessidade de muitas crianças utilizar aparelhos ortodônticos, para uma revista dirigida ao público em geral, poderá iniciar seu texto fazendo uma exposição sobre os (maus) hábitos atuais de alimentação, sobre as conseqüências de não se exigir que as crianças comam frutas mais duras, que só as consumam em pedaços ou processadas em sucos, e sobre o desconhecimento dos pais de ter de acompanhar o desenvolvimento da dentição desde cedo, para evitar agravamento de más oclusões incipientes.

Depois, então, no desenvolvimento, poderá fazer uma breve descrição do livro, ressaltando as partes de maior interesse para seu público leitor, e apontar, em forma de comentário, as vantagens que pode trazer a quem tem filhos menores ou pré-adolescentes.

Poderá encerrar sua resenha com elogios, recomendando a leitura, ou com um comentário de que, apesar de ser uma boa obra, principalmente para quem tem filhos, apresenta limitações, pois outros aspectos igualmente importantes para a saúde bucal das crianças não foram tratados com o cuidado que merecem.

Observe que, embora você possa utilizar elementos do resumo, a resenha envolve, necessariamente, uma opinião a respeito do que foi lido, visto ou ouvido.

41

Siga os toques que lhe derem

Na escola sempre fomos orientados a escrever um determinado número de linhas, embora quase sempre espichássemos a letra ao máximo para completar as 30 exigidas e, às vezes, a diminuíssemos ao mínimo para fazer caber todas as idéias numa única página. Só que agora a artimanha não vale mais: o computador aponta, friamente, o número exato de caracteres (ou toques), mostrando se atendemos ou não ao que foi determinado.

Se você fez direitinho seus exercícios escolares, melhor, porque qualquer que seja sua área de atuação, cedo ou tarde você será convidado a escrever, mas precisará estar preparado para compor seu texto dentro do que lhe foi imposto ou para fazer as reduções necessárias depois.

Agora mesmo foi preciso reduzir caracteres desta dica, que estava ultrapassando o número solicitado. O jeito foi mexer na introdução, que apresentava 525 caracteres:

> *Sejamos justos: na escola sempre fomos orientados a escrever um determinado número de linhas, embora quase sempre espichássemos a letra ao máximo para completar as 30 exigidas pela professora e, às vezes, a diminuíssemos ao mínimo para fazer caber todas as idéias que tínhamos a respeito do assunto numa única página. Só que agora a artimanha que usávamos antes não vale mais: o computador aponta, friamente, no menu ferramentas, o número exato de caracteres (ou toques), mostrando se atendemos ou não ao que foi determinado.*

Sem os trechos grifados, ela ficou com 418 toques. E a mensagem continuou a mesma.

Não resista em fazer cortes. Quem solicita sabe que é sempre possível reduzir o texto sem prejudicar o conteúdo.

42

Dê especial atenção ao parágrafo

Pode ter certeza: se você escrever bons parágrafos, escreverá bons textos. Dominar a estrutura do parágrafo ajuda muito na hora de ler e escrever.

O parágrafo é constituído de uma idéia principal seguida de uma seqüência de idéias secundárias relacionadas a ela pelo sentido. A frase que geralmente anuncia a idéia principal, e com freqüência constitui o início do parágrafo, é denominada *tópico frasal**, pois destaca o que vai ser apresentado.

* Termo proposto por Othon M. Garcia (Ver *Comunicação em prosa moderna:* aprenda a escrever aprendendo a pensar. 20. ed. Rio de Janeiro: Fundação Getúlio Vargas, 2001.).

O tópico frasal pode se apresentar como:

- uma **declaração**: *Há muita expectativa sobre os resultados...*
- uma **definição**: *Política é a arte de governar...*
- uma **divisão**: *A linguagem pode ser verbal e não verbal...*

Você pode começar seu parágrafo por uma dessas formas ou, ainda, por uma interrogação (*Até quando conviveremos com a violência?*), uma alusão histórica (*Foi no ano em que o homem chegou à Lua que...*), um comentário (*Como já tivemos oportunidade de...*), sempre se lembrando de que as idéias seguintes precisam fazer uma seqüência de sentido com a idéia principal. Também é bom evitar parágrafos muito longos, pois eles podem se tornar cansativos.

Cada parágrafo pode ser identificado por uma margem de mais ou menos 6 caracteres, ou por um espaço maior entre ele e o próximo parágrafo, se o texto vier todo alinhado à esquerda do papel.

Ao escrever, procure observar se está de fato transmitindo todas as idéias importantes, bem como verificar se elas estão suficientemente desenvolvidas, para que sua mensagem possa ser bem compreendida. Ao ler, procure detectar as idéias principais de cada parágrafo. Elas ajudarão você a sintetizar o texto, a resumi-lo.

43

Desenvolva bons parágrafos

Existem diferentes jeitos de desenvolver o parágrafo para que ele permita um bom entendimento do texto em geral. Um deles é a **enumeração de detalhes**, como ocorre neste parágrafo escrito por Patrícia Strabeli[1]:

> *Há cerca de um ano, ouviu-se dizer da tragédia de um pai-peixe, morador do Oceano Pacífico, que teve seu filhote levado por um mergulhador. Conta-se à boca-miúda que a tragédia aconteceu quando o ousado peixinho, farto das insistentes atitudes protetoras do pai, resolveu desafiá-lo. Acontece que o tal filhote tinha uma das nadadeiras menor, o que o tornava diferente da maioria dos peixes de sua idade, e que, segundo seu pai, o deixava em grande desvantagem diante dos outros de sua espécie. E, sejamos francos, também diante de todos os outros seres das demais espécies, de modo que era preciso oferecer-lhe proteção e cuidados redobrados.*

[1] *O que há entre Branca de Neve e Nemo?* Uma análise da reprodução das deficiências em filmes de animação. 2004. Dissertação (Mestrado em Distúrbios do Desenvolvimento). Universidade Presbiteriana Mackenzie, São Paulo, p. 11.

Uma outra forma é o desenvolvimento por **confronto**, como neste de Helena B. Pereira[2]:

> *Tanto o Realismo como o Naturalismo preocupam-se não com indivíduos, mas com grupos sociais. A diferença situa-se na escolha do grupo social enfocado: o realista trata quase sempre de personagens da classe média, da pequena burguesia ascendente, preocupada com posição social e dinheiro, ao passo que o naturalista volta-se para as camadas populares. Estas últimas enfrentam o drama imediato da sobrevivência, permanecendo à margem do processo de ascensão social.*

Ou o desenvolvimento com uma **explicação**, como faz Marlene Theodoro[3]:

> *A cultura que se desenvolve e se organiza a partir do consumo propicia o aparecimento do narcisismo, que é uma predisposição a ver o mundo como um espelho, como uma projeção dos próprios medos e desejos, sentimento que tem a ver com o início de nossa vida e que agora retorna com características sociais.*

Também por **comparações, justificativas, exemplos, depoimentos, citações**, etc. pode ser desenvolvido o parágrafo. O importante é expor as idéias sempre de forma consistente.

---

[2] *Literatura:* toda a literatura portuguesa e brasileira. São Paulo: FTD, 2000, p. 246.

[3] *A era do EU S/A:* em busca da imagem profissional de sucesso. São Paulo: Saraiva, 2004, p. 51.

44

Articule um parágrafo com o outro

Faça um teste: num grupo de cinco pessoas, peça a cada uma que escreva, isoladamente, um parágrafo sobre um determinado tema. A seguir, coloque um após o outro. Você certamente *não terá* um texto coeso e coerente. Se alterar a ordem em que aparecem, verificará, do mesmo modo, que não há articulação entre eles.

Na verdade, quando você está redigindo, embora não se detenha em cada parágrafo, o que escreve em um está relacionado ao que você disse no anterior, assim como o que está desenvolvendo agora funciona como uma espécie de abertura para o posterior. Porque nós sempre produzimos as partes tendo em mente o todo.

O eixo norteador na articulação dos parágrafos é o tema. Ele é que determina como será a estrutura do(s) parágrafo(s) da introdução, como será a organização dos parágrafos que constituirão o desenvolvimento e como serão feitos os parágrafos da conclusão (se houver mais de um).

Para "unir" um parágrafo ao outro, você pode usar partículas especiais, articuladoras:

- **depois, a seguir** – para parágrafos relacionados pela idéia de tempo;
- **porém, apesar das circunstâncias, ainda que os fatos** – para "guiar" o leitor numa afirmação contrária ao que foi exposto no parágrafo anterior;
- **aliás, por outro lado, na verdade** – para retificar ou até mesmo reafirmar o que estava discutindo;
- **além disso, além do mais** – para acrescentar novas idéias;
- **conseqüentemente, portanto, por fim** – para concluir.

Observe, nesta própria dica 44, como se deu a articulação de alguns parágrafos:

- o segundo (**na verdade**...) reafirma o que foi dito no primeiro, com novas idéias;
- o quarto, além de dar seqüência ao terceiro, aponta a finalidade (**para**...) do que está sendo proposto.

Usando bons articuladores, você orienta o leitor a compartilhar seu ponto de vista.

45

Construa parágrafos com sentido

Um bom parágrafo é aquele que trata da temática do texto com frases bem elaboradas do ponto de vista da estrutura e do sentido. Às vezes um parágrafo pode estar com todas as palavras bem colocadas umas após as outras, com concordância entre elas, elementos de ligação apropriados, e não transmitir o sentido necessário:

> *Marcos foi aprovado em primeiro lugar no vestibular para Medicina, portanto será um excelente médico, já que ele é inteligente e sempre estudou bastante.*

Observe que o fato de ter tido ótimo resultado no vestibular não é condição suficiente para afirmar que Marcos será excelente profissional.

Provavelmente o autor da frase tenha pensado que, se Marcos é tão inteligente e estudioso agora, manterá o mesmo desempenho durante o curso, aproveitará as oportunidades que surgirão quando formado e exercerá com êxito sua profissão. Mas só pensou, não escreveu.

Muita gente faz isso. Tendo as idéias claras no pensamento, pressupõe que estão claras no papel, que o leitor vai entender com facilidade.

Não pule etapas. É muito importante elaborar o parágrafo de forma a passar para o leitor o que você realmente pensa.

Se você reescrever as frases, vai deixá-lo inteligível, sem se tornar óbvio demais:

> ***Tudo indica que Marcos será um excelente médico****. Além de ter manifestado inclinação pela medicina desde criança, sempre foi aluno brilhante e esforçado, a ponto de ser o primeiro colocado no vestibular, num curso tão concorrido como esse. Certamente também será um dos melhores alunos da classe e saberá aproveitar as chances para se tornar um especialista em sua área.*

Trabalhe bem cada um dos parágrafos, para ter um texto de qualidade.

---

* Observe que o tópico frasal – "Tudo indica que Marcos será um excelente médico" – vem desenvolvido pelas idéias secundárias.

46

Observe a construção da sua frase

Toda frase deve ser estruturada de forma que a mensagem seja facilmente entendida pelo leitor. Tem mais chances de atingir esse objetivo quem escreve na ordem direta, sem inversões, com poucas orações.

Na hora de organizar uma frase, proceda como se estivesse falando. Faça, por exemplo, uma declaração sobre o produto que está apresentando:

O novo pincel para tinta acrílica da Pintacorex agora vem acompanhado de refil, para você trocar apenas o tufo de pêlos.

Se preferir escrever mais, com inversões, procure verificar se realmente transmitiu o que estava pensando. Muitas pessoas começam a mensagem com uma declaração qualquer, acrescentam uma ou outra informação e se esquecem de dizer o principal, de mencionar o que pretendem transmitir, como fez o autor desta frase, que a encerrou sem ter completado o sentido da mensagem:

> *Agora, quando na hora de pintar você quiser fazer economia e trocar apenas o tufo de pêlos do seu pincel para tinta acrílica da Pintacorex.*

Para atingir seu objetivo, a frase precisa expressar claramente a parte mais importante da informação:

> *Agora, quando, na hora de pintar, você quiser fazer economia,* **pode contar com o novo pincel para tinta acrílica da Pintacorex**, *que vem acompanhado de refil, e trocar apenas o tufo de pêlos.*

Melhor também fugir do gerúndio. Só o utilize quando realmente necessário, porque sua presença na frase pode provocar ambigüidade:

Vi professores limpando a janela.

(quem estava limpando: *eu* ou *os professores*?)

Escreva: *Vi professores quando limpavam a janela.* (os professores limpavam)

Ou: *Vi professores quando limpava a janela.* (eu limpava)

47

Seja claro

Sempre que estiver escrevendo, procure transmitir suas idéias com muita clareza, pois, diferentemente do que ocorre na comunicação oral, você talvez não tenha possibilidade de saber se o leitor já possui alguma noção sobre o assunto ou se precisa de mais explicações.

Um jeito bom de se fazer claro é escrever frases curtas, na ordem direta, com termos de uso comum.

É aconselhável evitar palavras específicas de uma área de atuação, se o texto for para um público que não tenha familiaridade com o assunto, vocábulos que sirvam para se referir a qualquer elemento e construções que causem ambigüidade.

Você talvez precisasse consultar o dicionário e mesmo pedir a ajuda de alguém para receber melhores explicações se lesse:

As construções hipotáticas exigem maior habilidade do autor do que as construções paratáticas.

Mas, se ainda se lembrasse de alguns conceitos das aulas de Português, e a frase viesse escrita de forma mais simples, sua compreensão seria bem melhor:

Escrever com orações subordinadas é mais difícil do que escrever com orações coordenadas.

Cuidado: frases curtas também podem ser ambíguas, como esta: "Despediram-se os empregados", que pode ser interpretada de duas formas diferentes. Por isso, prefira escrever:

Os empregados foram despedidos. (se sofreram demissão)

Ou: *Os empregados se despediram.* (caso tenham se afastado com um cumprimento)

Porém, é bom lembrar que, às vezes, o que está claro para o autor pode causar dúvidas no leitor, como na faixa exposta por um *pet shop*:

Temos vacina para raiva importada.

Vacina ou raiva importada?

48

Seja objetivo

Cada vez mais o uso da linguagem se simplifica na escrita. Por isso, quanto mais objetiva e mais econômica a redação, maiores as chances de se comunicar bem.

Observe este *e-mail*:

De: Gustavo Baroma [gbaroma@fiesta.com.br]
Enviado em: quinta-feira, 20 de abril de 2006 08:25
Para: Wilson Roberto
Assunto: Envio de exemplares

Sr. Wilson Roberto

Em resposta à solicitação que nos foi encaminhada pelo seu representante, Sr. Felipe Romald, comunicamos que seguem pelos Correios 20 (vinte) exemplares de nossa edição de fevereiro próximo passado da revista *Delícias da Cozinha Além-Mar*, publicada pela nossa Editora Fiesta.

Sem mais nada para o momento, subscrevemo-nos mui atenciosamente.

Gustavo Baroma

É claro que, se houve uma solicitação do Sr. Felipe Romald para enviar pelos Correios a quantia solicitada, o destinatário do *e-mail* sabe exatamente do que se trata (afinal, ele é seu representante).

Não há necessidade de escrever o número e depois colocá-lo por extenso entre parênteses, como também é dispensável escrever "próximo passado", visto que, se a data do pedido ocorreu em abril de 2006, trata-se de fevereiro do mesmo ano. Caso fosse fevereiro de um outro ano, daí sim seria preciso dizer "fevereiro de 2005".

Desnecessário também se referir à editora.

Se não há mais nada a comunicar, basta o "atenciosamente", com a certeza de que a assinatura será lida como algo que veio no fim do *e-mail*.

Portanto, o remetente transmitiria a mesma mensagem escrevendo simplesmente:

De: Gustavo Baroma [gbaroma@fiesta.com.br]
Enviado em: quinta-feira, 20 de abril de 2006 08:25
Para: Wilson Roberto
Assunto: Envio de exemplares

Sr. Wilson Roberto

Estamos enviando pelos Correios os vinte exemplares da edição de fevereiro da revista *Delícias da Cozinha Além-Mar*, solicitados pelo Sr. Felipe Romald.

Atenciosamente

Gustavo Baroma

49

Mantenha o paralelismo

Othon M. Garcia* traz em seu livro um excelente exemplo de falta de paralelismo:

Fiz duas operações: uma em São Paulo e outra no ouvido.

O fato de colocar em paralelo *São Paulo* (localidade) e *ouvido* (órgão do corpo humano) provoca de imediato o riso de quem ouve e, com certeza, o riso de quem lê.

É muito comum haver construções com falta de paralelismo em placas, *outdoors*, manuais de instrução, relatórios e outros textos.

Quando, na fachada de um edifício, aparece:

PSICÓLOGOS	MÉDICOS
DENTISTAS	ADVOCACIA

* *Comunicação em prosa moderna*: aprenda a escrever aprendendo a pensar. 20. ed. Rio de Janeiro: Fundação Getúlio Vargas, 2001.

de imediato reconhecemos que o termo "advocacia" deve ser substituído por "advogados", para estabelecer o paralelismo com os profissionais mencionados anteriormente. O mesmo ocorre quando, no rótulo de um determinado produto, vem especificado:

- Conservar em lugar arejado
- Mantenha fora do alcance de crianças
- Consumo no prazo de um ano

Nesse caso o paralelismo será garantido ou com o uso do infinitivo nas três recomendações ("conservar", "manter", "consumir"), ou com o do imperativo ("conserve", "mantenha", "consuma").

Em vez de verbo, o paralelismo também pode ser feito só com substantivos:

- **Leitura** do processo
- **Verificação** dos fatos
- **Autorização** para a viagem

Em algumas situações, a falta de paralelismo é proposital: objetiva efeito estilístico, como ocorre com este verso de Carlos Drummond de Andrade, em que aparecem juntos um meio de transporte e um sentimento:

Perdi o bonde e a esperança.

Estabelecer o paralelismo ou não – para obter efeito estilístico – vai depender apenas da intencionalidade de seu texto.

50

Enfatize, mas não seja redundante

A ênfase é um procedimento utilizado para destacar aspectos importantes de uma mensagem. Quando você quer chamar a atenção sobre o número de pessoas na fila de um posto de saúde, escreve:

> *Mais de 4.000 pessoas estavam na fila desde as 2 horas da manhã, em pleno inverno, para pegar uma senha.*

Se o que quer enfatizar é o horário, escreverá:

> *Desde as 2 horas da manhã, mais de 4.000 pessoas estavam na fila, em pleno inverno, para pegar uma senha.*

Se for o fato de ser inverno, pode escrever:

> *Em pleno inverno, mais de 4.000 pessoas estavam na fila desde as 2 horas da manhã, para pegar uma senha.* (Embora o recurso de colocar a expressão entre vírgulas – ..., *em pleno inverno,...* – também sirva para enfatizá-la.)

Estes são recursos para obter ênfase: **apresentar no início da frase o que se quer destacar** ou **colocar entre vírgulas**.

Uma outra possibilidade é utilizar os recursos gráficos (negrito, itálico, sublinhado), sempre com a precaução de não poluir o texto:

*Quem apresentou a peça fui **eu**, não Yara.*

Também os pleonasmos podem, algumas vezes, servir para dar ênfase:

Eu juro. Vi com os meus próprios olhos.

Mas tome cuidado para não ser redundante:

***Entrou** com os convidados **dentro** do auditório*

A redundância também pode aparecer quando você utiliza frases que repetem a mesma idéia, tornando o texto cansativo:

No próximo domingo, dia 6 de julho, às 17 horas, comemoraremos o aniversário de nossa filha Juliana. Ela fará 5 anos e sua festa será no Buffet Sininho. Você está convidado para vê-la apagar as 5 velinhas.

Muito mais simples e eficaz escrever:

Venha comemorar conosco o 5º aniversário da Juliana, domingo, dia 6 de julho, às 17 horas, no Buffet Sininho.

51

Pontue adequadamente

Pontuar bem não é apenas uma exigência da gramática. A troca ou omissão dos sinais de pontuação pode alterar totalmente a mensagem. A frase

Ao perceber que ia cair Maria gritou mamãe

pode ter pelo menos quatro significados, dependendo da pontuação que receber:

1. Ao perceber que ia cair, Maria gritou: mamãe!
2. Ao perceber que ia cair, Maria, gritou mamãe.
3. Ao perceber que ia cair, Maria gritou, mamãe.
4. Ao perceber que ia cair Maria, gritou mamãe.

Pelos sinais de pontuação, entendemos que, em:

1 – alguém diz que Maria estava caindo e chamou pela mãe;

2 – alguém se dirige a Maria e lhe diz que a mãe gritou quando percebeu que ia cair;

3 – alguém se dirige à própria mãe para dizer que Maria gritou quando percebeu que ia cair;

4 – a mãe da pessoa que está falando é quem gritou quando percebeu que Maria ia cair.

Os sinais de pontuação têm várias funções:

- assinalar as pausas e inflexões da voz na leitura;
- separar palavras, expressões e orações que devam ser destacadas;
- esclarecer o sentido da frase, eliminando qualquer ambigüidade;
- evidenciar a função dos termos na oração – se é vocativo (chamamento), aposto (explicação) etc.

São vários os sinais para marcar a pausa na escrita:

- **ponto final**, **de interrogação** e **de exclamação**, no final da frase;
- **vírgula**, **ponto-e-vírgula**, **dois-pontos**, **reticências**, **parênteses** e **travessões**, no interior da frase;
- **aspas**, no interior da frase e também no seu início e no seu final.

A leitura em voz alta ajuda a pontuar bem, mas, se quiser um estudo minucioso do assunto, consulte uma boa gramática, um manual de apoio gramatical ou mesmo material disponível na internet.

52

Observe algumas regras do padrão culto

É muito importante observar algumas regras estabelecidas pelo padrão culto, para que a mensagem seja bem-aceita.

Isso não significa que as regras gramaticais ditarão o que você deve ou não deve escrever, que limitarão sua expressão, mas sim que nortearão a escrita de frases e parágrafos, para que seu texto atenda às expectativas sociais e culturais do grupo em que será lido.

Na verdade, essas regras não diferem muito daquelas que você utiliza no dia-a-dia, na comunicação oral, mas, se você tem, por exemplo, o hábito de dizer "a gente", prefira usar "nós" na linguagem escrita.

A mesma dica vale para os pronomes "ele" e "ela" quando completam o sentido do verbo. Ainda que você diga: "Vi ele saindo daqui agora mesmo", escreva: "Vi-o saindo daqui agora mesmo".

Cuidado semelhante deverá ter com os verbos **haver** e **fazer** quando empregados no sentido de tempo. Neste caso, serão sempre utilizados na terceira pessoa do singular, nunca no plural:

> ***Havia*** *muitos produtos em liquidação.*
>
> ***Faz*** *três anos que compro nessa loja.*

Os verbos sempre merecem atenção especial. Se não tiver certeza da conjugação correta, consulte o dicionário ou procure uma forma alternativa que transmita a mesma idéia.

Cabe lembrar que, tanto na linguagem oral quanto na escrita, o correto é "para **eu** fazer", "para **eu** ler", "para **eu** entender". Sempre que houver **para** e, em seguida, um verbo, não tenha dúvida: o pronome será **eu**. Somente quando não houver verbo é que você usará **mim**:

> *Solicito um prazo maior* ***para eu tomar*** *as providências.*
>
> *Solicitou todas as providências* ***para mim****.*

Mas cuidado com as pausas. Está correto dizer:

> *Para* ***mim***, ***falar*** *em público não é problema*

porque, no caso, houve inversão dos termos (indicada pela vírgula na oração acima):

> *Falar em público não é problema para mim.*

53

Estabeleça a concordância

Quando você escreve na ordem direta, dificilmente deixa de colocar o verbo no singular ou no plural. Porém, em alguns casos, a dúvida se faz presente: "é um dos que *esteve* aqui" ou "é um dos que *estiveram* aqui"? Aí, não tem jeito: ou você usa uma forma alternativa ou então recorre a uma gramática ou a um manual de apoio gramatical para fazer a concordância correta. Caso contrário, poderá comprometer seu texto.

Não só por desconhecimento pode ocorrer a falta de concordância. Ela pode se dar também por descuido:

É esperado com muita ansiedade, por pais e alunos, os resultados das bolsas

em vez de: ***São esperados...*** *os resultados...*

Por isso, observe alguns dos casos especiais:

1. **Verbo + se**: concordância com o sujeito:
   Extraviaram-se *os relatórios* (os relatórios foram extraviados).
   Vendem-se *casas* (casas são vendidas).

2. **Um dos... que**: verbo, de preferência, no plural:
*Lucas é um dos que mais **estudam**.*
O verbo pode ficar no singular se a ação foi feita por apenas uma pessoa:
*Foi uma das suas alunas que me **deu** o recado.*

3. **Sujeitos unidos por *ou***: se houver idéia de exclusão, verbo no singular:
*Yasmim ou Mariana **será** a nova diretora.*
Senão, no plural: *Henrique ou Tatiana **recebem** os convidados.*

4. **Porcentagem seguida de nome**:
- **no singular** → verbo no singular:
*30% da frota **está** com problemas.*
- **no plural** → verbo no plural:
*30% dos carros **estão** com problemas.*

5. **Verbo ser**: geralmente a concordância se faz com a palavra que vem depois dele:
*O cardápio **são** saladas.*
*Nada **são** flores.*
*O responsável **sou** eu.*

O verbo **ser** só concorda com a palavra que vem antes dele quando:

- essa palavra se refere a pessoa ou nome de pessoa:
*A mulher **é** só ternuras. Sílvia **é** as alegrias da casa...*
- a palavra depois do verbo for um substantivo abstrato:
*Os livros **são** a minha vida* (abstrato).

54

Pense se *é bom mesmo* enviar *em anexo*

São freqüentes *e-mails* com a mensagem:

Seguem anexo com este e-mail *as instruções solicitadas.*

Além da redundância (se seguem com o *e-mail*, realmente estão anexas), falta fazer a concordância. "Instruções" é substantivo feminino, plural, portanto deve ser acompanhado de adjetivo feminino, também plural:

Anexas, as instruções solicitadas.
Estão anexos os resultados.

Evite a expressão "em anexo". Ela só aparece no título desta dica para chamar a atenção sobre essa e outras expressões ("é bom", "é necessário", "é raro", "é preciso", "é proibido") que costumam ser usadas de forma pouco adequada. Por isso observe:

- *É bom* – fica no singular e com gênero invariável quando se referir a termos de sentido genérico: *Gentileza sempre **é bom**.*

  Se, contudo, aparecer um artigo ou um pronome antes do termo a que essas expressões se referem, a concordância será feita em gênero e número:
  *São **raros os** exemplares.*
  ***Aquela** peça é probid**a** para menores.*

- *Mesmo* – concorda com o termo a que se refere: *Fez o **mesmo** bolo. Isadora **mesma** confeitou.*

  Ficará no masculino se tiver o sentido de "realmente", "de fato":
  *Ela não sabe nada **mesmo**.*

  Cuidado: a palavra "mesmo" não deve ficar no lugar dos pronomes ele(s), ela(s). Por isso escreva:
  *Terminou o relatório. **Ele** [e não o mesmo] está comigo.*

- *Meio* – admite feminino e plural só quando equivale a "metade" (*meias laranjas*), ou quando antecedido de artigo: *as meias/os meios*. Quando equivale a "um pouco", fica sempre invariável:
  *A porta ficou **meio** aberta.*

- *Obrigado/obrigada* – equivale a "grato/grata", concorda com a pessoa que agradece. Um homem encerra seu discurso dizendo *obrigado*; uma mulher, *obrigada*. Contudo, para ser mais impessoal, ela pode dizer: *nosso muito obrigado a todos.*

- *Menos* – não há o que errar; só existe esta forma: *Há **menos** pessoas hoje no auditório.*

55

Lembre sempre: crase só com palavras femininas

Algumas vezes você está escrevendo e surge a dúvida: *Dirigiu-se **a** platéia* ou ***à** platéia*?

Se considerar que a crase é a fusão de duas vogais idênticas (**a** + **a**), que se encontram na frase em função de um *verbo* ou de um *nome*, vai ser mais fácil saber usar o acento que indica a sua presença.

Antes de mais nada, você precisa saber se o *verbo* ou o *nome* exige a preposição **a**. Uma forma fácil de saber é usar como complemento um substantivo masculino:

*Referiu-se **ao tio**.* *Fez alusão **ao fato**.*

Você observa que aparece um **a** exigido pelo verbo ("referir-se **a**") e pelo nome ("alusão **a**"), assim como um artigo **o** ("**o** tio", "**o** fato"):

*Referiu-se **a** + **o** tio.* *Fez alusão **a** + **o** fato.*

Ora, se você substituir *tio* por *tia*, observará o seguinte processo:

*Referiu-se **a** + **a** tia.* *Fez alusão **a** + **a** cena.*

Quando um **a** se encontra com outro **a**, ocorre uma fusão, uma crase, que é assinalada pelo acento:

*Referiu-se **à** tia.* *Fez alusão **à** cena.*

Esse processo também vai ocorrer quando o **a** que acompanha o verbo se encontra com o pronome **aquela(s)**[1]:

*Referiu-se **àquelas** [a + **aquelas**] tias.*
*Fez alusão **àquelas** [a + **aquelas**] cenas.*

Esta é uma dica que você pode usar com segurança: se, ao substituir o complemento feminino por um complemento masculino, surgir **ao** ou **aos**, você utilizará no lugar, respectivamente, **à/àquela** e **às/àquelas**[2].

A regra vale também para **a que**, **a qual**, **as quais**:

*A casa igual **à que** vi.*
*A(s) casa(s) **à qual** (**às quais**) se refere.*

*O carro igual **ao que** vi.*
*O(s) carro(s) **ao qual** (**aos quais**) se refere.*

Agora, com nomes de lugares, você deve fazer outro tipo de substituição. Se tiver dúvida ao escrever, por exemplo, *Irei **a** Fortaleza* ou *Irei **à** Fortaleza*, substitua o verbo **ir** por **voltar**. Se aparecer **voltar de**, não há acento indicativo de crase: *Irei a Fortaleza* (***Voltei de** Fortaleza*).

Contudo, escreverá: *Vou **à** bela Fortaleza* (***Voltou da** bela Fortaleza*). E, pelo mesmo motivo, *Chegou **à** Bahia* (***Voltou da** Bahia*).

---

[1] Pela mesma razão, aparecerá antes de **aquele(s)**, como mostra a dica 56.

[2] Idem.

56

Memorize outros casos de crase

Há alguns poucos casos em que a explicação apresentada anteriormente não se aplica, porque eles fogem das regras que levam em conta se o verbo ou o nome são seguidos ou não da preposição **a**. Por isso, convém guardar que **o acento indicativo de crase** aparecerá sempre:

- Na especificação das horas: *às 5 horas*; *às 10h30; à uma hora; à zero hora*;
- Com expressões ou locuções formadas por palavras femininas: *à chave*, *às claras*, *à deriva*, *à distância de*, *às escondidas*, *à esquerda*, *à mão*, *à máquina*, *à medida que*, *à noite*, *às pressas*, *à proporção que*, *às vezes*, *à vista*, etc.

Tome cuidado com a palavra **distância**. Se a expressão for **à distância de**, haverá o acento indicativo de crase; se for simplesmente **a distância**, o acento não aparece: *educação a distância.*

Em outros casos, **pode haver ou não crase**, porque o uso do artigo é **opcional**. Você pode dizer, por exemplo: *Sofia chegou* ou *A Sofia chegou*. Por isso, poderá escrever: *Falei **a** Sofia* (neste caso não apareceu o artigo **a**) ou *Falei **à** Sofia* (Falei a + a Sofia).

A mesma coisa acontece com os pronomes possessivos: ***sua** mãe* ou ***a sua** mãe*. Por isso, aqui também o acento é opcional: *Fez elogios **a** sua mãe* ou *Fez elogios **à** sua mãe*.

Por fim, lembre-se: há acento indicativo de crase diante de palavras masculinas só em dois casos:

- Quando aparece um **a** antes da palavra **aquele(s)**:
  *Dirigiu-se **a aquele** teatro.*
  *Dirigiu-se **àquele** teatro.*
- Quando está subentendida a palavra "moda", "maneira" ou "estilo":
  *Escreve **à** Chico Buarque* (sem acento, estaria escrevendo **para ele**, não **ao estilo dele**).
  *Bifes **à** Camões.*
  *Móveis **à** Luís XV.*

Portanto, nada de indicar a crase onde ela não existe: *a respeito de*, *a partir de*, *de um a outro* (palavras masculinas); *gota a gota* (palavras repetidas); *de segunda a sexta* (embora femininas, não há a presença do artigo aqui).

57

Faça bom uso dos pronomes

Em Portugal a pronúncia dos pronomes átonos (*me*, *se*, *lhe*...) é tão imperceptível que eles ficam sempre apoiados nos verbos para serem bem ouvidos. Por isso lá se diz: "dê-**me**", "ama-**se**"... Pelo mesmo motivo, os portugueses não começam frase com eles.

Apesar da diferença de pronúncia, há ainda quem prefira utilizar, aqui, os pronomes exatamente à moda portuguesa: depois do verbo ("fale-**me**"), no meio dele ("dir-**lhe**-ei"; "amar-**me**-ás") e, em casos mais precisos, antes dele ("quero que **me** tragas"; "não **me** deixes"). Contudo, há hoje uma forte tendência para usá-los mais à brasileira: antes do verbo, já que, entre nós, sua pronúncia é mais forte, bem audível.

Use-os **antes do verbo**, principalmente se, relacionados a esse verbo (ao qual o pronome átono se refere), há na oração:

- palavras de sentido negativo (*não*, *nunca*, *nada*, *ninguém*):
  Nada *falei*, ***ninguém me*** *ouviria.*
  (Observe que "ninguém" se refere ao verbo "ouvir", por isso atrai o pronome.);

- advérbios (*aqui*, *agora*) ou equivalentes (*certamente*, *com certeza*):

Certamente se *arrependeu de ter vindo,*
não se *sente bem* ***aqui***.

(Observe que a palavra "certamente" atrai o pronome "se" para antes do verbo "arrepender", enquanto a palavra "não" atrai o pronome "se" para antes do verbo "sentir".);

- conjunções e pronomes relativos (*que*, *porque*, *embora*, *quando*, *quem*, *cujo*, *onde*, *etc*);
- pronomes indefinidos (*muito*,*pouco*,*alguém*,*algo*);
- pronomes demonstrativos (*isso*, *aquilo*, *aquele*);
- preposição **em** seguida de verbo no gerúndio (*em se tratando*);
- orações interrogativas (*Quem me garante?*);
- orações que expressam desejo ou exclamação (*Deus me ajude!*).

Fora esses casos, é importante:

- evitar os pronomes átonos no início da frase;
- colocá-los depois do verbo quando está no imperativo afirmativo: *André, ouça-***me**;
- colocá-los depois do gerúndio, sempre que esta forma verbal aparece sozinha (sem o *em*), seja logo no início da frase, seja depois de uma pausa (vírgula, ponto-e-vírgula, etc.): *Abraçando-***nos***, contou o que aconteceu. Saiu, deixando-***nos** *mudos.*

Mais uma dica: se estiver escrevendo um texto que exija linguagem muito formal, consulte o assunto "Colocação pronominal" numa gramática.

58

Não confie cegamente no corretor eletrônico

Com o computador, muitas pessoas têm deixado de lado o dicionário impresso e confiado totalmente no corretor ortográfico eletrônico, acabando por usar uma palavra em vez de outra, principalmente aquelas de escrita semelhante mas de significado completamente diferente, como é o caso, por exemplo, de ***cela*** (recinto) e ***sela*** (equipamento de cavalaria); ***sessão*** (tempo ou período), ***seção*** (segmento, divisão) e ***cessão*** (ato de ceder), entre outras.

Há um grande número dessas palavras que merecem atenção especial. Eis algumas:

- **mal** = antônimo de **bem**:
  *Está muito **mal**.*
  mau = antônimo de **bom**:
  *Foi um **mau** negócio.*
- **sobre** = a respeito de:
  *Falou **sobre** o assunto.*
  sob = à luz de; a partir de:
  ***Sob** esta perspectiva, concordo.*

- **descrição** = ato de descrever:
  *Fez a **descrição** da casa.*
  discrição = ato de ser discreto:
  *Agiu com **discrição**.*
- **descriminar** = tirar o crime:
  *O juiz **descriminou** o réu.*
  discriminar = separar/relacionar:
  *Sempre **discriminou** os pobres.*
  ***Discriminou** o que precisava.*
- **iminente** = o que está para acontecer:
  *Há perigo **iminente** de bombardeio.*
  eminente = o que está em posição superior:
  *É um **eminente** professor.*
- **segmento** = divisão, parte:
  *O **segmento** dos perfumes está em alta.*
  seguimento = ato de seguir:
  *Houve **seguimento** das mercadorias pelo radar.*

Além das palavras, também algumas expressões necessitam ser cuidadosamente empregadas:

- **ao encontro de** = indica situação favorável:
  *O prêmio veio **ao encontro de** minhas expectativas.*
  de encontro a = indica oposição:
  *É falso: vai sempre **de encontro** ao pai.*
- **a princípio** = no começo:
  ***A princípio** aceitei o convite, mas não fui.*
  em princípio = em tese:
  ***Em princípio** somos favoráveis à decisão.*

Por isso, não aposente seu dicionário impresso. Consulte-o sempre.

59

Saia pela tangente, mas se não puder...

Algumas expressões, embora corretas, costumam parecer estranhas. É o que ocorre com:

> *Se o vir, avise-me.* (**não é** "se o ver...")
> *Prefiro Álgebra a Física.* (**não é** "prefiro... do que")
> *Entre mim e ela há pouca diferença de idade.* (**não é** "entre eu e ela...")

Se você acha estranho falar ou escrever assim, busque uma forma alternativa:

> *Se o encontrar, avise-me.*
> *Gosto mais de Álgebra do que de Física.*
> *Ela é só um pouco mais velha que eu.*

Aliás, como já foi dito, este é um excelente recurso para a escrita: em caso de dúvida, opte por outra estrutura. Mas convém observar, quando não for possível sair pela tangente, que o correto é:

Entre mim e ela *não há nada.*
Quando ele a ***vir****, chorará.*
Faz *dois meses que mudamos.*
Isabela escreve boas **histórias***.*
Alugam-se *vestidos de noiva.*
Prenda os papéis com um **clipe***.*
Liquidação de ***TV*** **em cores***.*
Procedeu ao *interrogatório.*
Já **assistimos ao** *filme.*
A festa era **beneficente***.*
Perdeu **os óculos novos***.*
Agora entregam pizza ***em domicílio****.*
Vi-os **chorar***.*
Fui ***aos três*** **campi** *da universidade.*
É um caso **seriíssimo***.*
Tudo está **subentendido***.*

Lembre também que o verbo **adequar** só é conjugado nas formas em que a vogal mais forte vem depois do **qu-**: adequ**a**mos, adeqü**ei**, adequ**a**va. Nos casos em que vier antes do **qu-**, use o verbo **adaptar-se** ou o próprio **adequar** acompanhado de um verbo auxiliar: *Deixe que eu* ***vou adequar*** (já que não há "eu adéquo").

60

Preserve sua imagem

Você terminou seu texto. Não importa o gênero nem o tamanho: se foi uma carta, um relatório, um artigo, uma monografia. Você deu o máximo para fazer o melhor. Escreveu-o com contextualização, informatividade, intencionalidade, intertextualidade, coerência, coesão e aceitabilidade; preocupou-se com a adequação da linguagem; observou as qualidades da frase e do parágrafo; atentou para a objetividade, a clareza, o paralelismo sintático e semântico; deu ênfase às partes mais importantes; deixou-o descansando um dia ou dois, para depois fazer uma leitura mais impessoal antes de enviá-lo definitivamente.

Ao relê-lo, porém, é possível que surjam algumas dúvidas:

- A construção está correta?
- A concordância é esta mesmo?
- Neste caso, não seria melhor utilizar o verbo no passado em vez do presente?
- O acento indicativo de crase cabe diante desta palavra?

Se seu texto não será publicado, é apenas para divulgação interna na empresa em que trabalha, ou trata-se de relatório de leitura efetuado para uma disciplina de seu curso, ele até pode ser entregue com um ou outro problema. Mas, se vai para o público externo, se é um trabalho pessoal de cunho monográfico, que será lido por várias pessoas, não tenha dúvida: encaminhe-o antes para uma boa revisão.

Você deve conhecer alguém que tenha pleno domínio das regras gramaticais e fará um excelente trabalho de correção para você. Se não conhecer ninguém, há no mercado profissionais que se dedicam a apenas essa tarefa. Vale a pena recorrer a eles para passar uma boa imagem da sua empresa ou, principalmente, de você mesmo como uma pessoa cuidadosa com a linguagem. Afinal, escrever bem é um ótimo *marketing* pessoal!

Referências bibliográficas

1. Apoio gramatical:

LUFT, Celso Pedro. *Grande manual de ortografia Globo*. Rio de Janeiro: Globo, 2002.

______. *Novo guia ortográfico*. 26. ed. São Paulo: Globo, 1996.

MARTINS, Eduardo. *Manual de redação e estilo*. São Paulo: Moderna, 1997.

______. *Com todas as letras*: português simplificado. São Paulo: Moderna, 1999.

NICOLA, José de; TERRA, Ernani. *1001 dúvidas de português versão portátil*. São Paulo: Saraiva, 2006.

PIMENTEL, Carlos. *Português descomplicado*. São Paulo: Saraiva, 2005.

SACCONI, Luiz Antonio. *Não erre mais*. 29. ed. São Paulo: Escala Educacional, 2005.

2. Dicionários:

AZEVEDO, Francisco Ferreira dos Santos. *Dicionário analógico da língua portuguesa* (idéias afins). Brasília: Coordenada/Thesaurus, 1983.

BUENO, Francisco da Silveira. *Grande dicionário etimológico-prosódico da língua portuguesa*. São Paulo: Lisa, 1988.

FERNANDES, Francisco. *Dicionário de regimes de substantivos e adjetivos*. 25. ed. Rio de Janeiro: Globo, 2000.

______. *Dicionário de verbos e regimes*. 44. ed. Rio de Janeiro: Globo, 2001.

FERREIRA, Aurélio Buarque de Hollanda. *Novo dicionário Aurélio da língua portuguesa*. Curitiba: Positivo, 2004.

HOUAISS, Antonio. *Dicionário Houaiss da Língua Portuguesa*. Rio de Janeiro: Objetiva, 2001.

LUFT, Celso Pedro. *Dicionário prático de regência nominal*. São Paulo: Ática, 1999.

______. *Dicionário prático de regência verbal*. São Paulo: Ática, 2000.

SACCONI, Luiz Antonio. *Dicionário de pronúncia correta*. Ribeirão Preto: Nossa Editora, 1991.

3. Gramáticas:

BECHARA, Evanildo. *Moderna gramática portuguesa*. 37. ed. Rio de Janeiro: Lucerna, 1999.

CUNHA, Celso; CINTRA, Lindlay. *Nova gramática do português contemporâneo*. 8. ed. Rio de Janeiro: Nova Fronteira, 1996.

SAVIOLI, Francisco Platão. *Gramática em 44 lições* – Série compacta. 19. ed. São Paulo: Ática, 1991.

4. Redação e textos em geral:

ABREU, Antonio Suarez. *Curso de redação*. São Paulo: Ática, 2004.

CÂMARA JÚNIOR, Joaquim Mattoso. *Manual de expressão oral e escrita.* 16. ed. Petrópolis: Vozes, 1998.

FARACO, Carlos Alberto; TEZZA, Cristóvão. *Prática de texto.* Rio de Janeiro: Vozes, 2000.

FÁVERO, Leonor Lopes. *Coesão e coerência textuais.* São Paulo: Ática, 1991. Série Princípios.

______; KOCH, Ingedore G. Villaça. *Lingüística textual*: introdução. São Paulo: Cortez, 2002.

FIORIN, José Luiz; SAVIOLI, Francisco Platão. *Para entender o texto*: leitura e redação. 7. ed. São Paulo: Ática, 2000.

GARCIA, Othon M. *Comunicação em prosa moderna*: aprenda a escrever aprendendo a pensar. 20. ed. Rio de Janeiro: Fundação Getúlio Vargas, 2001.

GUIMARÃES, Elisa. *A articulação do texto.* São Paulo: Ática, 1990. Série Princípios.

KOCH, Ingendore G. Villaça. *A coesão textual.* 10. ed. São Paulo: Contexto, 1998.

______. *A inter-ação pela linguagem.* 3. ed. São Paulo: Contexto, 1998.

______. *Argumentação e linguagem.* 9. ed. São Paulo: Cortez, 2004.

______. *Desvendando os segredos do texto.* São Paulo: Cortez, 2005.

______; TRAVAGLIA, Luiz C. *Texto e coerência.* 5. ed. São Paulo: Cortez, 1997.

MEDEIROS, João Bosco. *Correspondência*: técnicas de comunicação criativa. 12. ed. São Paulo: Atlas, 1997.

______. *Técnicas de redação*. 6. ed. São Paulo: Atlas, 1995.

MESERANI, Samir C. *O intertexto escolar*: sobre leitura, aula e redação. 4. ed. São Paulo: Cortez, 2002.

NATALENSE, M. Liana Castro. *Secretária executiva*: manual prático. São Paulo: IOB, 1998.

PINTO, Ildete Oliveira. *O livro*: manual de preparação e revisão. São Paulo: Ática, 1993.

5. Textos científicos:

ANDRADE, Maria Margarida de. *Introdução à metodologia do trabalho científico*: elaboração de trabalhos na graduação. 4. ed. São Paulo: Atlas, 1999.

ASSOCIAÇÃO BRASILEIRA DE NORMAS TÉCNICAS (ABNT). NBR 6023: 2002.

ECO, Umberto. *Como se faz uma tese*. São Paulo: Perspectiva, 2002. Coleção Estudos.

GIL, Antonio Carlos. *Como elaborar projetos de pesquisa*. São Paulo: Atlas, 1991.

MEDEIROS, João Bosco. *Manual de redação e normalização textual*: técnicas de editoração e revisão. São Paulo: Atlas, 2002.

SEVERINO, Antonio Joaquim. *Metodologia do trabalho científico*. 21. ed. São Paulo: Cortez, 2000.

SPECTOR, Nelson. *Manual para a redação de teses, projetos de pesquisa e artigos científicos*. 2. ed. Rio de Janeiro: Guanabara Koogan, 2002.

Edna M. Barian Perrotti

Amanda Perobelli

Doutora em Lingüística Aplicada ao Ensino de Línguas pela Pontifícia Universidade Católica de São Paulo – PUC-SP.

Formada em Letras pela PUC-SP, onde foi professora de Língua Portuguesa e Redação por vários anos.

Diretora da Contexto – Assessoria em Língua Portuguesa.

Professora de Lingüística e Produção de Textos: Leitura e Redação, no Curso de Letras da Universidade Metodista de São Paulo (Umesp).

Professora de Metodologia e Redação da Pesquisa no curso de Odontologia e no Mestrado de Ortodontia da Universidade Metodista de São Paulo (Umesp).

Professora responsável pelo curso de Leitura e Escrita na modalidade a distância (EAD) da Umesp.

Autora de artigos científicos publicados em revistas especializadas.

Membro da Comissão de Livros da Universidade Metodista de São Paulo (Umesp).

Participante de bancas examinadoras de dissertações e teses nas áreas de Lingüística, Literatura e Educação.

A Professora Edna M. Barian Perrotti
presta assessoria para
a produção e revisão de textos na
R. Olavo Gonçalves, 273
São Bernardo do Campo – SP
CEP 09725-020

Tel.: (0xx11) 4339-3344
e-mail: edna.perrotti@uol.com.br

Série Superdicas

Reúne especialistas em diversas áreas com títulos úteis para o seu aprimoramento pessoal e profissional. Cada livro contém 60 dicas elaboradas em uma linguagem simples e acessível, tratando de aspectos do mesmo assunto de maneira bem objetiva.

Superdicas para falar bem em conversas e apresentações

Reinaldo Polito

A orientação certa para conversar, relacionar-se com as pessoas, fazer apresentações, saber como se comportar em reuniões de negócios, nos contatos sociais e em sala de aula. Aprenda a falar de improviso, ler em público, argumentar, convencer, usar o humor, contar histórias, ser simpático, comunicativo e envolvente.

Um dos dez livros mais vendidos no Brasil em 2006 (Revista *Veja*). Também na versão audiolivro.

Superdicas para viver bem e ser mais feliz

Flávio Gikovate

Aprenda a lidar com as inseguranças relacionadas ao amor, aos relacionamentos, às cobranças da sociedade, às suas próprias cobranças pessoais, às frustrações, medos e anseios, conhecendo caminhos para aproveitar a felicidade, resultado natural de atitudes de pessoas bem resolvidas emocional, pessoal e profissionalmente.

Super tips on speaking well in talks and presentations

Reinaldo Polito

A versão em inglês de *Superdicas para falar bem em conversas e apresentações*.

Superdicas para motivar sua vida e vencer desafios

Cesar Romão

Aprenda a superar as adversidades, livrar-se de pensamentos pessimistas, alimentar a força de vontade e reforçar suas qualidades para ser bem-sucedido em todos os campos.

Superdicas para vender e negociar bem

Carlos Alberto Júlio

Escrito para quem é ou quer ser um bom vendedor profissional ou que tem necessidade de se relacionar e fazer negócios. Ordene suas táticas de vendas, aprenda a valorizar e transformar seus clientes em amigos, em parceiros, em fregueses. Venda mais, melhor e sempre.

Superconsejos para hablar bien en charlas y presentaciones

Reinaldo Polito

A versão em espanhol de *Superdicas para falar bem em conversas e apresentações.*

Superdicas para se tornar um verdadeiro líder

Paulo Gaudencio

Saiba o que é necessário para exercer a liderança com naturalidade e competência, respeitando e entendendo seus liderados tanto na esfera profissional como nos aspectos psicológicos e emocionais, condição essencial para que um projeto seja bem-sucedido, cronogramas cumpridos e metas alcançadas.